精进成长

如何成就高效人生

张加一 编著

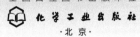

U0367979

全国百佳图书出版单位

化学工业出版社

·北京·

内容简介

本书以"精进成长"为主题，围绕时间管理、社交维护、工作效率提升三方面的高频问题，结合实际案例给出具体示例和完整解决方案，同时启发读者在阅读之后能够持续开发针对性的解决方案，进而帮助读者在学习、工作与生活中实现多栖发展、精进成长，成就高效人生。

本书适合在校大学生、即将步入职场的毕业生，以及已经步入职场但职龄小于10年的职场新人阅读，书中针对不同场景下当代年轻人可能遇到的高频问题，都配备了通俗易懂的说明以及便于理解的案例和示例，确保读者能够轻松理解其中的重点内容。本书在写作时注重为青年读者提供实际帮助，针对每一个问题都给出了易于上手的解决方案，力图使读者能够将书中的方法有效运用到实际学习、工作和生活中，切实帮助读者实现高效工作，不断精进成长。

图书在版编目（CIP）数据

精进成长：如何成就高效人生 / 张加一编著 . —
北京：化学工业出版社，2023.4（2024.11重印）
　ISBN 978-7-122-42931-5

　Ⅰ.① 精…　Ⅱ.① 张…　Ⅲ.① 职业选择　Ⅳ.
① C913.2

中国国家版本馆 CIP 数据核字（2023）第 023295 号

责任编辑：夏明慧
责任校对：宋　夏
装帧设计：溢思视觉设计 E-mail: isstudio@126.com ／程超

出版发行：化学工业出版社（北京市东城区青年湖南街13号　邮政编码100011）
印　　装：北京天宇星印刷厂
880mm×1230mm　1/32　印张$6\frac{1}{2}$　字数110千字
2024 年 11 月北京第 1 版第 2 次印刷

购书咨询：010 - 64518888　　　　　　　　售后服务：010 - 64518899
网　　址：http://www.cip.com.cn
凡购买本书，如有缺损质量问题，本社销售中心负责调换。

定　　价：56.00元　　　　　　　　　　　　版权所有　违者必究

前言

　　高效是一个不太容易量化的概念，我能为大家提供的价值并不是科学准确地描述高效，也不是从心理学或哲学的角度深入探讨与之相对的低效的本质。我能为大家提供的是实战经验，是我从过去学习和工作中总结的经过时间和实践检验过的有效方法，也是从常年阅读的自我提升类书籍中所学到的并实际运用到工作中的经验，是理论与实际结合的方法。因此，在写作时我尽量避免了大篇幅的单调叙述，也避免了对于理论的过多描写，把重点放在了理论的实践以及如何克服实践过程中所遇到的问题。

　　对冲基金和麦肯锡的工作经历赋予了我两个思维特点。第一是喜欢单刀直入，先从结论写起，再添加叙述内容，因此大家如果想快速阅读此书的话，可以只着重看每个自然段的前两行，大部分情况下，前两行就会涵盖该段落的核心内容。第二是注重逻辑，因此在段与段之间、小节与小节之间都会有一条"故事线"，哪怕是简单罗列，我也会按照从虚到实、从大到小的顺序来写。因此哪怕大家希望略过书中一些小节的内容，也建议在大致理解该小节的主题之后再略过，以避免"迷路"。

写作这本书的初衷是我想总结一套自己在工作与生活中克服困难、维持高效状态的解决方案。在写作的过程中，我秉承着"哪怕有一天我失忆了，还能拿起这本书就用"的原则，针对每一个克服低效习惯的场景，我都添加了简单明了的描述或改编自实际经历的案例说明，以期读者能够快速理解、掌握书中内容。

本书的写作离不开周围的朋友们为我提供写作灵感，离不开我的妻子、父母给我加油打气，让我有信心完成写作，更离不开化学工业出版社编辑老师的帮助，在写作的过程中每每遇到磕磕绊绊，哪怕是细枝末节的问题，编辑老师都能够及时且细致地予以回答，在此郑重表示感谢！希望这本书能够不辜负每一位在写作过程中帮助过我的人，也非常希望能给现在正在翻阅此书的你带来改变。

编著者

目 录

第一章

用"高效"
为精进成长加成

你我同在
精进成长的路上

—

无论是高校学霸还是商界翘楚，无论是初入社会的职场新人还是叱咤职场的"成功人士"，无不时常经受低效之害，都需要用"高效"为持续的精进成长加成。

高中时，我常常因为懒惰拖延，周末愣神一天，很难做完一页数学题。工作中，我也曾因为一个大项目的任务细项繁多，无从下手而几天没有实质进展。在考入哥伦比亚大学以及进入麦肯锡工作之前，我曾经对"藤校学子""麦府精英"有着很多幻想，但后来发现，大家也都是常人，在工作、学习效率方面也都有着相似的苦恼。虽然每个人都不算过于低效，但没有一个人敢说自己的效能已被完全开发，所以并没有外界想象的那么神乎其神。所谓高效，是指对比时的"高"，是在相对层面上的持续不断进步。

所以说，持续成长、保持高效是所有人的需求，我们同为精进成长路上的伙伴。本书是结合自身经历和周围所见总结出来的针对"低效病"的复合药方，针对工作、生活中的效能低点，分别指出问题、剖析原因，并提出解决方案。这是一本写给读者也写给我自己的书，可以让我随时找回高效的生活状态，希望达到"医者自医"的效果。

在本书中，我会用在我看来最直接的归类和最直白的语言，帮助大家获取高效的解决方案。低效的成因是多种多样的，比如主观的心理因素、认知因素，又或是客观的环境因素、方法因素。我会按照场景进行分类，比如时间管理、社交关系、工作学习等，帮助大家分别认清各种低效场景下的主观成因和客观成因，然后针对这些具体的成因提供相应的解决方案。

在各个场景下，我会给不同的问题和解决方案取一个生动具体的名字以帮助大家快速吸收，并在生活中遇到实际问题的时候能高效检索。这样做的灵感来自我最喜欢的作者之一——纳西姆·尼古拉斯·塔勒布。塔勒布在《反脆弱》一书中提到，我们有很多重复性的小问题，常常因为没有恰当的语言形容而被忽视，给这些小问题命名可以有效帮助我们在繁杂的思绪中快速定位，并反复思考这些问题。在我看来，给一个问题命名也是认清并解决这个问题的重要一环。

低效确实有它疑难的一面，但并不是无法解决的。只要我们正确地认清低效，并用正确的心态和方法来应对，持之以恒地养成高效的思维和行动习惯，我们都能改善低效。并且，如之前所说，持续精进成长是每一个人的需求，完全没有必要因为自己的某些低效而感到自责。

　　在之后的两个小节里，我将用自己实际的低效一天和高效一天为例，先给大家一个总览。

我的低效一天

—

2022年9月3日周六

由于周五晚上与朋友共同庆祝一周收工，开怀畅饮至深夜12点，并且由于结束了一周在麦肯锡的超高强度工作，想着周六可以稍微奖励一下自己，狠狠睡个懒觉，然后再看书、写作、为下一周的工作做好准备。于是上午11点才慢慢睁开双眼，隐隐的头痛也印证了前一天晚上的小放纵。仰头看一眼床边的绿植，转过身去摸到了手机——开始回微信。来自父母的关切、来自昨夜一同玩耍的小伙伴的问候、来自客户的提问……

一边回微信，一边时不时地打开朋友圈刷一刷大家周五的所见所闻，等到处理完消息之后已经是中午12点，到了该吃饭的时间。打开外卖App，左看右选，选菜，下单，这一套操作又是30分钟。等到外卖到来门铃响起，已是下午1点半，终于在外卖小哥的催促下完成了"起床大业"。

拆开外卖，打开电脑，计划着一边吃饭一边看"下饭视频"，吃过之后再开启阅读模式，于是打开视频网站熟悉的游戏直播。但计划总是美好的，像之前已经重复过的千百遍一样，饭吃完了，视频却一直"关不掉"。一下午心里默念"看完这局就关""3点就关""等这个主播下播就关"。

不知不觉时间来到傍晚6点半，猛然想起和朋友约了晚上7点见面。愤然起身，一顿快速操作后冲出门，还得发微信向朋友道歉，说要晚15分钟。

回到家已是晚上11点，不知不觉再次打开熟悉的游戏直播，伴随着负罪感熬到了凌晨1点。在入睡前暗下决心，明天一定不能走今天的老路，一定要度过高效的一天。

我的高效一天

—

2022年9月4日周日

伴随着8点30分的闹钟睁开双眼，解开了人称"Sleep if You Can"（能睡你就睡）闹钟的三道困难模式数学题，我已经感到头脑异常清醒。顺势起床，一边洗漱一边确认今天的日程表，头脑中大致形成了上午、中午、下午、晚上几个大时间块的计划。

早上9点，简单的早餐过后，强忍着打开视频网站的冲动，翻开了一本书，抄写了前五句话后，开始读书，并将手机放至五米开外。阅读期间手握笔，不时在书上圈圈点点，不知不觉间过了一个半小时。确认好午饭约定的地点之后，简单运动30余分钟，洗澡出发。

午饭选在了一家清新的早午餐（brunch）餐厅。1点结束饭约，直奔书店咖啡厅，继续阅读，期间不时回想起午饭时对话与书中内容的关联，边想边读。3点左右启程回家，在地铁上回复了积攒的未读信息和邮件。

下午4点到家，开始整理行李，准备飞往周一要展开工作的城市。5点踏上前往机场的出租车，车上边听音乐边想周一的工作内容。

轻车熟路进入候机区，翻开工作资料，开始构思下周大概要做哪些PPT、怎么安排工作的先后顺序。

晚上8点到达酒店，向家人报了平安，打开新闻App查看这个周末发生的大事，之后再次继续读书、做笔记、回微信的日常，12点成功入睡。

在本小节和上一小节，我记录了自己截然不同的两天，一天低效，一天高效。我自己也时刻挣扎在低效与高效、退步与成长的边缘，但是通过我多年积攒的经验，成功将周六的后悔扭转为了周日的高效进步。

在之后的三个小节中，我将从总体的角度出发，介绍精进成长的三个大敌——不良的"习惯回路"、拖延、贪玩，以及克服这三个大敌的方法。

不良的"习惯回路"是低效的本质

一

　　在我看来，所有的低效都可以归结于不良的习惯。作为接受过九年义务教育的我们来讲，习惯的重要性不言而喻。但是以往来自老师和家长的教导往往只是一味地强调习惯，很少有关于习惯背后深层逻辑的分析。在《习惯的力量》一书中，作者查尔斯·都希格提出了习惯的本质便是"习惯回路"。

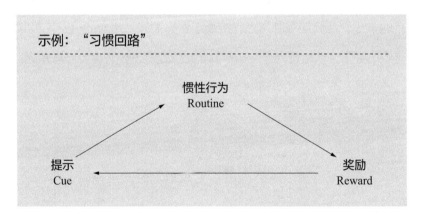

示例："习惯回路"

　　如示例，在"习惯回路"中，一个习惯被分解成三部分：提示（Cue）、惯性行为（Routine）、奖励（Reward）。这几个概念都有些抽象，我们来逐一理解。提示可以是我们潜意识里的一种情绪，也可以是一个外部因素，这个提示会触发我们通过某种行为得到一个心理上的奖励，而这种行为就是惯性行为。我们日常所谓的习惯，其实就是我们在整个"习惯回路"中表现出来的惯性行为，而提示与奖励则存在于我们的潜意识当中。导致低效的不良"习惯回路"，就是在潜意识得到提示后，通过一个不良的惯性行为获得奖励的回路。

比如说，我曾经有一个非常不好的习惯——啃指甲。后来经过我对自己的不断观察，发现每当我感到忙碌、焦虑的时候，就会想要啃指甲，然后一边啃指甲一边工作，似乎就能在一定程度上分散我的焦虑，让我能控制焦虑，持续工作。忙碌、焦虑的感受就是回路中的提示，惯性行为是啃指甲，奖励则是在一定程度上分散焦虑。

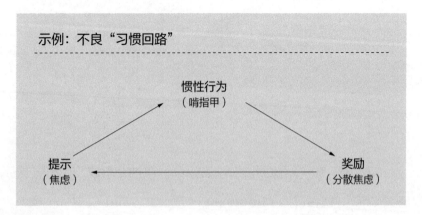

　　那么如何改变不良的"习惯回路"呢？人们通常会说改变习惯需要长时间的努力，但是在获悉这一回路之后，我改变这一坏习惯却来得比想象中的简单很多。提示与奖励都是我们潜意识中的动作，难以改变，但是替换惯性行为则会相对容易。于是，在我每次因工作感到焦虑的时候，我都会改为吃薄荷糖。最开始的两天，当然不能"药到病除"，我就会有的时候吃薄荷糖，有的时候继续啃指甲。但经过差不多一个月的努力，我焦虑时吃薄荷糖的频率逐渐超过了啃指甲的频率，以至于到后来啃指甲这一惯性行为被吃薄荷糖完全替代了，形成了新的"习惯回路"。当然，后来因为总吃薄荷糖容易长胖，我换成了无糖薄荷糖。

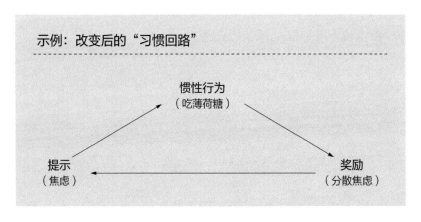

示例：改变后的"习惯回路"

惯性行为
（吃薄荷糖）

提示
（焦虑）

奖励
（分散焦虑）

　　由此可见，改变一个习惯，只需要掌握该习惯的"习惯回路"，并加以技巧，即可成功。这个过程的主要难点在于及时发现潜意识的提示并采取行动。要知道，我们不容易发现自己内心深处的焦虑，我也是经过不断的自我观察才逐渐做到。反复练习、反复思考，如果掌握了"习惯回路"调控法，我们就距离高效成长又近了一大步。

战胜低效的通病：
对于《拖延心理学》的再思考

—

　　低效的一大通病便是拖延症，纵使在实际工作的过程中再怎么节约时间，还是会有大量的时间浪费在拖延上。解决拖延问题是战胜低效的首要步骤，《拖延心理学：向与生俱来的行为顽症宣战》一书为我们提供了很好的思路和模板。该书将拖延分为"认识拖延"和"征服拖延"，为读者介绍了拖延的根本成因以及克服拖延的方法。书中指出，我们是因为潜意识想要逃避潜在的失败，所以才去寻找短期借口，从而逃避立刻去做这件事。在后半部分，作者为大家提出了解决方案：① 寻找内心挣扎点；② 盘点拖延成因；③ 分析自身拖延风格；④ 设立明确且可行的目标。

　　在对冲基金和咨询行业的工作中，我每天需要处理10件以上工作任务，并且每一项工作的延误都可能带来严重后果。在与拖延症"斗争"的漫长过程中，我结合《拖延心理学》、其他管理学书籍以及自身的实战，总结出了常见的三种拖延，并分别提炼出了针对性的解决方案，在理论知识上更进一步。接下来我们就通过案例，分析这三种不同的拖延形态。

（1）多任务处理拖延

案例：事情积压，第一反应是拿起手机

周三上午打开电脑，看到下午有一个客户会议还没有准备。正当想打开会议日程的时候，接到了财务部门的电话，告诉你上次提交的报销材料不全，需要补齐。顿时一阵压迫感袭来，转念又想到午饭之前需要给项目经理提交一组产业数据……

这些事情仿佛一座座大山般压在你的身上，让你喘不过来气，种类繁多的事情让你不知道该从哪开始，彷徨之中你却不知不觉地掏出手机打开了"蚂蚁森林"，偷起了能量，在各种各样的"最后期限（deadline）"前求得片刻轻松。

此类症状我称之为**多任务处理拖延**。成因主要来自两种因素：第一是由于任务过多，无从下手而产生的选择恐惧；第二是由于希望逃避枯燥任务而产生的推迟心理。

针对第一种因素，我们可以采取重要度排序法。

管理学大师史蒂芬·柯维在他的著作《高效能人士的七个习惯》中，将需要处理的事务按照横纵坐标分为四个象限。横轴为紧急程度，纵轴为重要程度。我们可以参考他的划分方法排列我们完成任务的先后顺序。

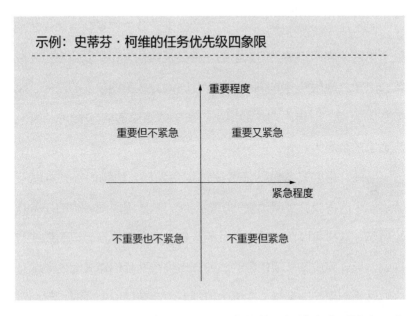

示例：史蒂芬·柯维的任务优先级四象限

重要程度

重要但不紧急　　重要又紧急

紧急程度

不重要也不紧急　　不重要但紧急

对于如此划分出来的四个象限，史蒂芬·柯维也分别给出了自己的解释。处于第一象限，即重要又紧急的事务，需要马上去做。处于第二象限，即重要但不紧急的事务，是史蒂芬·柯维四象限理论的核心。他认为，成功人士的思维不应该拘泥于当下的问题，而应该思考如何把握长期的机遇，而第二象限的任务正是能够帮助我们把握机遇的核心，例如建立人脉、学习外语、锻炼身体等，所以第二象限的任务完成顺序应该仅次于第一象限。而第三、第四象限的任务无论紧急与否，因为重要程度较低，应该尽量不做或让他人代理完成，这样就能做到"把时间用在刀刃上"，不断实现自我成长。

但是在实际操作中，由于资源的缺乏，我总感受到往往无法把处于第四象限即不重要但紧急的任务委托给他人，所以我会在完成第一、第二象限任务的同时抽出碎片时间完成第四象限的任务，比如在等公交的时候网购生活用品、在午休结束前的30分钟与家人沟通家内杂事等。

另外，重要又紧急的任务往往也会积压，让我们感到难以下手。这个时候我会按照预估的所需时间，从所需时间最少的任务开始做起。这样可以快速减少任务的数量，避免因选择恐惧而造成的拖延。另外完成每一项任务的成就感也会帮助我们克服因任务本身内容枯燥而引起的烦躁，在集中精神解决简单问题的同时，我们也能够较容易地进入"心流状态"（注意力高度集中，忘记时间和自我的专注状态）。对于如何进入"心流状态"，在之后的章节中，我会讲解相关细节。

（2）长期规划拖延

案例：规划已久，却中途丧失动力

在上进心的驱动下，你一直希望自己的英语水平能够更进一步。偶尔的一次契机，你更加迫切地感觉到学好英语很有必要，于是奔走于各类英语学习网站寻找适合自己的课程。支付高额学费成功报名之后，你觉得英语水平的快速提升指日可待了。

但经过了几节课之后，你开始晚交作业，抑或是上课迟到，进而开始缺勤，想要放弃。此类半途而废的做法对时间和精力的消耗是巨大的，并且反复多次就容易形成习惯，危害其他的长期自我提升计划。

这种症状我将其称为**长期规划拖延**。所谓长期规划，往往指的就是四象限理论中第二象限的内容——重要但不紧急的任务，能帮助我们把握长期机遇。大家心里都懂得这些任务对于长期的自我成长有着巨大的作用，但是却总是缺少持之以恒的动力或临门一脚的魄力。

在这个方面我自认为能算是"身经百战"了。高中时学习韩语、本科时学习金融、考取韩国券商从业资格证、在韩国金融圈积累人脉以帮助自己就业、工作后备考MBA……不知是不幸还是万幸，由于本性懒惰，我总结出了一套让自己能够持之以恒的方法，也想分享给大家。

首先，我会通过社交压力来让自己"就范"。每每进行一项长期规划的时候，我会寻找一帮志同道合、目标相似的朋友。定期组织学习讨论或进度检查，在组织的"压迫"之下，我们往往能比"单打独斗"要走得更远。并且这些朋友也会成为我们长期的人脉，毕竟一同"战斗"过的战友之谊是最经得起时间考验的。

　　此外，我还会利用自己的"劣根性"来为自己设置动力。例如，有的时候我总会无形之间拿自己与他人的成就比较，争强好胜之心导致总想要胜过他人。在进行长期规划的时候，我会在心里默默地设立一个"假想敌"，或者干脆拉一个我一直在心里默默比较的对象一起进行这项长期规划。这样一来，争强好胜的心理就会为我所用，帮助我在实行长期规划的时候走到最后。大家不妨也仔细思考一下自己有哪些"缺点"或"弱点"，可以通过机制设计来将这些小小的"劣根性"转化为行动的燃料。

　　最后，其实也是最简单常见的方法，我会通过设立奖励机制来为自己提供动力。例如，读书的时候我读完的每一本书都会记录到豆瓣上，年末总结的时候发一条朋友圈，会有类似集齐水浒一百单八将卡片并展示给小伙伴们的"成就感"。再例如，按照目标的大小，我也会相应给自己一些奖励，考试达到目标分数之后奖励自己一双喜欢很久的运动鞋，成功建立10个重要人脉关系之后奖励自己两天无罪恶感地宅家放空等。

（3）里程碑拖延

案例：大敌当前，而不做任何准备

　　历经千辛万苦，你终于收到了行业顶尖企业的面试邀请。一旦

通过面试并被成功录用，你的人生将会发生可预见的巨大变化，职业生涯也会上升到一个新的台阶。

面试定在三周之后，你尚有时间准备，但想着时间还早，就没有开始着手。但时间转瞬即逝，转眼间距离面试只剩下三天时间，你捶胸顿足纳闷自己为什么没有早开始准备，于是计划好从当下直到面试之前要挑灯夜战，哪怕这可能导致你面试当天的状态受到影响，但也别无他法了。

这种症状我称之为**里程碑拖延**。它或许不是最致命的拖延，但却是最能让人捶胸顿足、后悔不已的一种拖延。我曾因为此类拖延错过了一些非常好的职业机会。针对里程碑拖延，最主要的原因是：第一，我们总觉得距离里程碑事件还有一定时间，并且畏惧巨大的工作量；第二，对达成里程碑事件所需完成的任务不明确。

针对这两点，我们要做的首要工作就是将巨大的工作量细分成几个阶段，再把每个阶段的任务细分。

比如案例中的面试，我们就可以细分为了解、练习、模拟三个阶段。如果距离重要面试的时间有三周，我们可以用两天时间了解公司的背景，审视自己的人脉当中有哪些人能够为自己提供帮助、有哪些资源自己可以利用。之后用两周时间准备面试时可能会被问到的问题清单，并针对每一个预想问题写出自己的答案并不断完善打磨。这些问题可以按照不同的种类划分，每一个种类下准备四到五个问题及其答案。最后五天时间模拟面试，找到第一阶段定位好的人脉资源，让他们假装面试官帮助我们进行面试实战演练。

除了以上三种拖延的对症解决方案之外，**外部环境**也是造成拖延的一个非常重要的因素，并且会与其他因素相互交织，导致更加严重的拖延。外部诱惑的可接近性决定我们被干扰的程度，排除外部拖延诱因的核心是：将自己置于一个干扰较少的环境之中。

比如，现在对很多人来讲，最大的干扰因素可能就是手机。无论是朋友圈还是手机游戏，在我们繁忙的时候，这些诱惑总是显得格外诱人。我们可以设置手机闹钟提醒自己分神时间不要过长，利用浏览器功能屏蔽经常访问的"摸鱼"网站，等等。另外，有时卸载一些可能会干扰我们的App也不妨是一个好方法，这些手段都能加大我们接触干扰因素的难度，进而减少这些干扰因素对我们的影响。

此外，我们应该在有助于自己集中精神的环境里完成任务，大家可以自测一下以下的哪些环境最适合自己：

白色噪声vs完全安静

开放型空间vs封闭型空间

冷色系灯光vs暖色系灯光

周围有人vs周围没人

大桌面vs小桌面

软座椅vs硬座椅

整洁的环境vs相对杂乱的环境

纸面vs电子屏

……

在选择环境的时候，我们一定要注意聆听自己的心声，找到最适合自己的环境。不用同周围人比较，也不用听从长辈的意见，只需要客观评价自己在各种环境下的真实感受和表现即可。毕竟只有自己才知道什么是适合自己的，选择最贴合自己特质的环境才能更有效地帮助我们摆脱拖延，进而提升工作和学习的效率。

本节我们介绍了三种不同的拖延形态，并且给出了这三种形态所对应的解决方案。拖延是我们每个人都有的"痛症"，我自己也在持续斗争的道路上，所以大家不必为自己的拖延感到过于自责。有的时候自责也会像一个泥沼一样，越挣脱陷得越深，从而进一步加重拖延。调整心态，循序渐进，相信我们所有人都能够战胜拖延。

如何克服贪玩：
从《学会吃饭》中获得的真知和技巧

—

《学会吃饭》是一本非常有趣的书。吃饭还用学吗？是的，有的时候，我们以为自己了如指掌的事情，其实是需要进一步了解的。这本书的核心认知总结起来就是一句话：不管吃的东西是什么，专注地、仔细地品尝能够帮助我们获得更大的满足，从而帮助我们少吃。贪玩和贪吃其实是一个道理，根源都来自人的本性。在学习克服贪玩的具体方法之前，让我们来通过一个案例了解我们贪玩的心理。

案例：理想很崇高，现实很骨感

周四晚6点，虽然还有一些老板的问题没来得及回复，但你先回家再说，反正在家里也可以一样查资料、发微信。到家、洗手、换衣服，一气呵成之后，你坐在沙发上，想着都忙了一整天了，打一局"王者荣耀"吧。

第一局，12∶1。"今天看起来手感不错，不能浪费，虽然感觉回答老板的问题有点晚了，但是下班时间老板会理解的！再来一局！"

第二局，0∶7。"怎么回事！不能就这样耻辱地结束今天的战斗，一定要重新证明自己！但是老板明天不会骂我吧……没关系，反正已经晚了，这局打完之后再回他也是一样！"

第三局、第四局……伴随着罪恶感的逐渐加深，时间也已经来到了晚上11点，此时你已经被罪恶感压得喘不过气，已经太晚了，明天逃不了老板的批评。虽然之前每一局游戏开始的时候都下定决心那将是最后一局，但是每次都能把多玩一局这件事成功合理化。每玩一局，心理负担就加重一次，越有压力越不想放下手机，直到时间来不及。

我们为什么会在心底对玩拒之千里，却又管不住自己呢？这往往是因为我们内心的负罪感。负罪感就像一个旋涡，越玩压力越大，于是就越想逃避，这就让我们在"暴玩"的路上越走越远。并且，在这种压力之下，我们的注意力并没有集中在享受游戏或者短视频的乐趣上，所以并不会得到真正的满足，更多的只是为了逃避而逃避。

为了解决贪玩问题，我总结出了4种不同的方法，接下来一一介绍给大家。

（1）正念法

这个方法就是《学会吃饭》一书中介绍的，原理是用正向思维思考我们本来想要拒之千里的事物。正念法要求我们积累"内部智慧"和"外部智慧"，然后通过不断练习来达到持续的正念思考状态。

内部智慧即是调整我们内在的想法。在贪玩这件事情上，就是要通过自省来找出自己真正想玩的内在需求点，是因为工作时疲劳过度想要休息？还是因为想要补偿一下"辛勤耕耘"一天的自己？又或只是为了单纯地逃避现实世界？与此同时，我们还要充分意识到游戏或短视频能够如何满足我们的内在需求。

接下来，在玩游戏或刷视频的过程中，我们要充分享受这些活动为我们带来的乐趣，并且认真体验这种乐趣，专注地体验我们的内在需求有没有被一点点满足。在这个过程当中，我们可以将自己的满足程度量化出来，比如用1 ～ 10的计分制来评判自己的满足程度。通过这种方法，我们能够最大限度地集中在自身的满足度上，而不是罪恶感上。当我们的内在需求被完全满足，也就是自己的满足度达到10分的时候，我们放下游戏或短视频就变得容易了许多，因为我们在整个过程中聚焦的是自己的需求有没有被满足，而不是一味地玩下去。

在实际操作中，正念法是能从最根本上解决问题的方法，但也确实是最难的方法，因为正念法要求使用者具有极高程度的"自知力"（知晓自己内心状态与情绪波动的能力），并且在玩的过程中时刻保持理智的状态。虽然我们可以持续练习《学会吃饭》中介绍的深呼吸、慢呼吸等方法，以增强自己的"自知力"，但是不可能一下子就有长足的进步。所以，我又通过实践找到了几种简单实用的方法，可以配合正念法一起克服贪玩。

（2）"不给机会法"

这个方法非常简单明了：杜绝一个不良习惯的最根本方法，就是从不开始。以我个人的情况举例，比如手机游戏，我从来没有在手机上下载过"王者荣耀"。作为一个"英雄联盟"的老玩家，我深知自己一旦陷入"王者荣耀"，大概率是要上瘾的，所以我干脆就没有尝试，甚至连任何能接触到这款游戏的渠道我都有意避开，称得上是"双重保险"了。刚开始，身边的朋友们逐渐谈论这款游戏的时候，我就有意地避开此类对话。朋友们在吃饭时谈论我就埋头吃饭，在闲聊时提起我就迅速岔开话题。虽然因此我跟朋友们少了一个共同话题，但是因此我却能节约大把的时间，绝对是得大于失。

除此之外，针对电视剧、网络小说、电影这类的文艺作品诱惑，我还有一种看起来不近人情的方法——"剧透法"。该方法算是"不给机会法"的一个分支，可以用在初步沦陷的时候，具体做法就是强行剧透自己，使让我初步沦陷的文艺作品瞬间"丧失魅力"。比如，有一段时间，我深深陷入了"鬼吹灯"系列小说，新颖的设定、紧凑的故事、极具魅力的人物，真的很难在看了几页之后马上放下。但是，当时我的工作任务繁重且鬼吹灯系列篇幅较长，于是我便在网上把整个系列作品的书评、剧透看了个遍，用时两小时。此后，这部作品对我的吸引力就小了很多，我也就在短时间内做到了"远离"。

（3）"自控法"和"他控法"

相较于"不给机会法"，"自控法"和"他控法"属于相对温和和适用范围广的方法。

"自控法"的核心在于提高自控力。《自控力：斯坦福大学广受欢迎的心理学课程》一书是该领域的核心著作，书中指出，自控力也如同人的肌肉一样，力量是有限的，但是可以通过不断地训练而加强。冥想就是一种常见的自控力训练方法。在一个安静的空间，闭眼慢慢呼吸，只把注意力集中到自己的呼吸上。就个人经验来讲，这个方法虽然简单，但是坚持一周之后便能感觉到自己意志力的提高。此外，因为自控力本身像我们的肌肉力量一样需要时常休息补充，如果一整天神经紧绷，晚上则容易情绪崩溃，需要格外注意。

此外，书中还介绍了一种有利于自控的思维方式，便是从"我不要"变成"我想要"。比如，我们控制自己"不要玩游戏"相比于"想要读书"是困难的，这是我们的头脑构造所决定的，因此大家在自控的时候应该注重思考"想要"做什么事情。

我们每一个行动都会镌刻在我们的大脑里，所以我们每做一件事情，就会把将来重复做这件事情变得更容易。所以"自控法"也是开头最难，一旦能够形成良好的自控脑回路，我们的持续自控也会变得容易许多。

"他控法"顾名思义就是借助外部因素控制自己。可以给大家介绍我比较常用的操作方法。比如，我会在手机里给知乎、领英这些App设置使用时长限制，以提醒我什么时候该"收手"。再如，我在写作本章节的时候，为了防止自己开小差，选择了在开阔的图书馆里和其他埋头学习的人坐在一起。这样一来我开小差时就会感到微微有些格格不入，进而以这种社交压力来帮助自己更好地集中注意力。"他控法"可以有很多种操作方法，只要对自己奏效的方法就是好方法。

本节中，我们介绍了4种克服贪玩的方法，其中"正念法""自控法"与"他控法"这三种是普遍适用于各种场景的，"不给机会法"则可以帮助我们杜绝潜在的贪玩。

调整好迈向高效人生的心态

—

通过之前的三个小节，我们介绍并学习了克服成长道路上最大的三个阻碍的方法。在本小节中，我们会介绍在不断高效完善自身的过程中应该具有的心态，尤其是最要不得的两种心态，从而让大家用最良好的状态踏上精进成长之路。

我在周围人身上，也在自己身上曾看到过两种截然不同的极端心态——急功近利和画地为牢。

案例：急功近利

某个周末，你读到了一本受益匪浅的自我开发类书籍，于是乎决定照搬书中所有的做法，快速改变自己的现状。

第一天，你信心满满，小心翼翼地遵照书中的每一项指导完成每一样工作。虽然可能感受到了有些吃力，但是仍然可以坚持。随着时间的流逝，第二天、第三天……你感受到了越来越大的阻力，一口气改变自己方方面面的所有习惯实在是太过困难，于是你第一次考虑放弃。然而，第一次考虑放弃过后不久，你就迎来了全面"躺平"。

急功近利是每个人都可能有的倾向，因为我们都渴望快速见效、药到病除。但是精进成长之路并非坦途，不良习惯要一个一个改，思维方式也要一点一点变。急功近利会导致用力过猛，而用力过猛是不可持续的，所以全盘放弃就是很可能出现的结果。

我从大学开始思考如何提高自己的效率，到现在一年中能有大约70%的时间达到高效状态，经历了很长时间的磨砺，近两年阅读过的相关书籍超过50本，每本书中可能平均也就只有2~3点收获是能够让我吸收并转化为实际行动的。我固然希望本书能为读者提供"一站式"成长服务，让所有读者在读过之后即刻突飞猛进，但我也深知精进成长是一条漫长的道路，不可操之过急。所以阅读本书之后，如果你能获得2 ~ 3点启发并转化为实际行动，这次阅读便可以说是极其成功的，这也是我最大的心愿。

案例：画地为牢

冉求曰："非不说子之道，力不足也。"

子曰："力不足者，中道而废。今女画。"❶

——《论语》雍也篇

---

❶　冉求说："我非不悦先生之道，只是自己力量不足呀！"孔子说："力量不足，半路休息些时，现在你是划下界限不再向前呀！"（翻译出自《论语新解》，钱穆著）

这是《论语》中我最喜欢的一则，准确地写出了我们日常的另一个极端——明明是自己画地为牢，主观上不愿付出努力，但却归因为自己能力不足或某些客观条件不允许。像孔子所说的，如果真的是力量不足（能力或条件不够），我们应当是在半路上才不得不喘息，而不应该是还没有开始就已经放弃。在精进成长的路上亦是如此，比急功近利更不可取的便是从一开始就假设自己不行。

我在《论语新解》中读到这句话的时候，正是在一边全职工作一边准备MBA考试的时候。工作每天到深夜11点，还要面对GMAT（Graduate Management Admission Test，经企管理研究生入学考试）的摧残，而且前两次的成绩又不理想，一直在想自己是不是该认清现状，好好做好手头工作，不要老想着"远方"。阅读到这一句，"今女画"三个字真可谓醍醐灌顶。GMAT的规定是一生可以考8次，我才考了2次就想放弃，就在找借口说自己不行。如果我真是"力不足者"，也得在道路走到尽头再放弃才是，至少要考满8次。我们不管遇到什么挑战，至少要把手头的"子弹"打完之后才有资格说自己力量不足。

本小节中，我们介绍了两种成长路上要不得的心态——急功近利和画地为牢。我们应在两种心态当中找到一个适合自己的平衡点，即适当地、有计划地付出努力，集中精力一个一个攻克自身的弱点，成功而不骄躁，失败也不气馁。调整好自己的心态，从下章开始我们将正式进入学习高效"硬技能"的阶段。

CHAPTER TWO

第二章

—

高效管理时间

—

从本章开始，我们正式步入正题，学习精进成长的核心技能之一——时间管理。我会带大家了解如何使用时间表来规划、管理时间，告诉大家使用时间表的常见错误。之后，我会教给大家如何理解睡眠并提高睡眠的效率。睡眠占据了我们一天的1/3时间，有效睡眠极其重要，因此我会用4个小节阐述如何高效管理我们的睡眠时间。

简单的必备工具：
时间表

—

除非你拥有超人般的记忆力去记住自己所有的行程，否则使用时间表是一切时间管理的基础。我们可以在市面上看到各种各样的时间表，既有纸质的也有手机和电脑端的。对我来说，手机端的时间表拥有很大优势，因为不论何时何地，我们都可以轻松查看并修改。

具体来讲，使用哪一款时间表App应该遵照我们的个人习惯。我个人倾向于使用微软的"Outlook"。这个软件可以在电脑端和手机端同时使用，并且能够整合来自不同邮箱（私人邮箱和工作邮箱）的日程邀请，非常适合经常通过电子邮件交流的人。我们选择使用哪一款时间表，应该遵照我们个人的使用习惯，并且通过两大指标来筛选，即"接触难度"和"使用难度"。

"接触难度（accessibility）"是指我们在日常使用中是否能够随时简便查看。一般来讲，以能够在手机桌面上设置小组件为标准。如下图所示，通过日程表的小组件，我们能够随时随地十分方便地查看接下来的日程有哪些。

"使用难度（usability）"，顾名思义，就是指使用起来顺不顺手，包括添加日程、更改时间、记录会面地点、日程分类等操作的难易度。因为每个人的使用习惯不同，我建议大家下载2～3个人气排名较高的时间表App，每个都试用一下，以便找到用起来最得心应手的时间表。

决定好使用哪一款时间表之后，接下来我们要深入探讨如何在时间表上通过简明的标注来提高效率。请看接下来两个时间表的示例❶。

---

❶　为让示例更具通用性，我并没有使用任何一款时间表软件，而是用Excel制作了示例时间表。

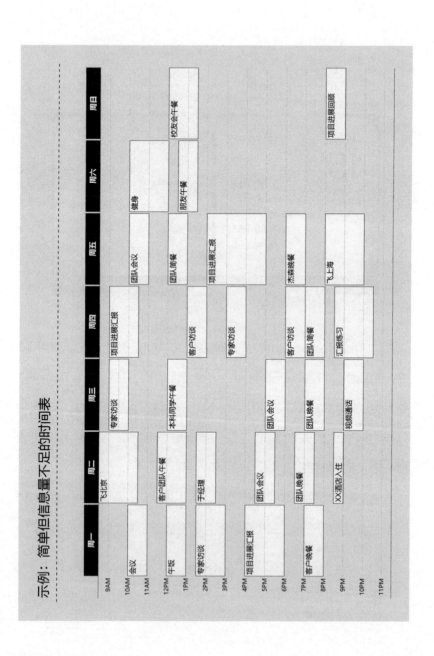

示例：简单但信息量不足的时间表

示例：方便高效使用的时间表

	周一	周二	周三	周四	周五	周六	周日
9AM		MU5555 上海→北京（虹桥机场）	项目进展汇报（Zoom视频链接）				
10AM	团队例会（会议室1701）	销售专家访谈（13343214321）			团队会议（会议室1672）	健身（XX健身房）	
11AM							
12PM	午餐/大卫（地下XX餐厅）	午餐/客户团队（国贸XX餐厅）	午餐/志成（国贸XX餐厅）		团队简报（会议室1672）	午餐/安琪&杰瑞（静安区XX餐厅）	午餐/校友会（陆家嘴XX餐厅）
1PM				客户访谈（会议室1670）			
2PM	制造业专家访谈（13312341234）	通话/手经理（17812341234）		学术界专家访谈（13543214321）	项目进展汇报/客户B（客户会议室2101）		
3PM							
4PM	项目进展汇报（Zoom视频链接）						
5PM		团队会议（会议室1672）	团队会议（会议室1670）				
6PM				客户访谈（会议室1673）	晚餐/杰森（国贸XX餐厅）		
7PM	晚餐/客户A（新天地XX餐厅）	团队晚餐（国贸XX餐厅）	团队晚餐（朝阳区XX餐厅）	团队晚餐（会议室1673）	MU6666 北京→上海（首都机场）		
8PM	XX酒店入住		通话/父母（微信视频）	汇报练习（酒店房间）			项目进展回顾（自己）
9PM							
10PM							
11PM							

这两份示例用不同的标注方法展现了同一份日程表，模拟记录了一个咨询顾问一周的日常工作和生活。虽然是同一份日程表，但是所包含的信息量大不相同，这就会导致使用起来的效果大不相同。总的来讲，日程表里的每一项活动要包括日程内容、日程参与人及日程参与地点，然后再设置好一个简单明了的日程分类，我们在使用时间表的时候才能够做到高效。接下来我们逐一讲解。

（1）日程内容

简单来讲，日程内容一定要记录得清晰。例如，是比较重要的例会，还是普通的团队会议？一般来讲，每周的例会参与人数较多，这类日程的重要程度会相对较高。我个人一般都会在这类会议之前简单思考一遍这次参会我的主要目的是什么、我需要讲什么、发言顺序大约会在什么时间段、我的开场白应该怎么讲等。如果我只是单纯记录"会议"二字，我们就可能在繁忙的日常安排中忽略这一会议的重要性，导致忘记在会前做充分的准备。

（2）日程参与人

在日程中写上主要参与人有助于我们更好地准备。如果是和朋友的饭约，我们可以提前为朋友准备好小礼物，或者简单想一想朋友最近发了什么朋友圈，从而让聊天的内容更加丰富，让饭约更加欢乐。如果是和同事吃饭，我们可以想好能向他了解公司哪一块的信息，或者自己能够为这位同事提供哪些信息，从而让双方都能从饭约中获益。如果是和领导开会，我们更要提前准备好如何向领导汇报工作进展，并且有针对性地回应领导在上次会议中所提出来的问题。当然，一些日程的参与人非常明显，比如示例中的"团队会议"，无外乎就是团队当中的所有成员，我们也没有必要吹毛求疵地把团队内所有人都写上去。通过记录日程参与人，我们能够提醒自己更有针对性地准备。这些看起来非常简单的准备，只要我们在日程之前花10～20分钟的时间开动脑筋思考一下就能做到，但却能够帮我们最大化地从每一项活动当中高效获取信息或展现自己，从而不断地构建我们自身的优势。

（3）日程参与地点

记录日程参与地点能够让我们节省在日程开始前耗费的查找时间。这个是我在接受了无数次教训之后养成的习惯，曾经我有过因为找不到线上会议链接而在与大老板的会议上迟到10分钟的先例，这10分钟真可以说得上是人生中最焦躁的10分钟了。乍一看，记录上所有日程参与地点之后，时间表可能会显得有一些混乱，但是一旦日程多到一定程度，相信我，再聪明的脑子也记不住。尤其是线上视频会议的链接和电话会议的电话号码，找起来要花费很多时间，还不如从一开始就记录好。哪怕是线下会议，记录好参与地点的话，我们也可以提前预估路程时间，从而不用再为迟到5分钟、10分钟而频频道歉。

（4）日程分类

为了更一目了然地掌握自己的日程，我们还可以用颜色把日程进行分类。比如我就习惯把日程分为工作日程（深橘色）和私人日程（淡蓝色），每次确认日程表的时候，头脑中都会形成一个大概的框架，比如今天大概什么时候会比较繁忙、什么时候会比较轻松、如果有突发事件大概可以占用哪一块的时间等。大家可以按照自己的工作性质和个人偏好，使用不同的分类方式。

以上四点是我们在添加时间表日程时可以用到的技巧。除此之外，我还有一点小小的补充，那就是最好把还在待定中的日程也加到时间表上，从而避免一些"灾难性"情况的发生。曾经有一次，我与领导约了一次面谈，讨论我未来职业发展的事情，但是等到领导都已经确认时间了，我才想起来有一个工作会议有可能会与这次面谈的时间冲突，后来工作会议的时间确认后一看，还真冲突上了。我便只能灰溜溜地再去找领导申请另一个时间。如果我们把待定的日程也加在时间表里，再在标题里标注一个"（待定）"，即便日程繁忙，我们也能合理规划新添加的日程。

合理预估时间，
设立缓冲带

—

　　在了解了如何在时间表上记录好每一条日程之后，我们来一起探寻一下在工作和生活中如何建立每一项活动日程。在建立日程的时候，最重要的一环就是预估每项日程的时间并合理安排各个日程的分布。在我的观察中，我们一般容易陷入两个误区，我会分别通过案例来讲解说明，并提出对应的解决方案。

案例：错误估计日程所需时间

　　这是2018年的一次投资策略会议。由于会上计划只讨论3只股票，按照之前的规律，我想当然地认为讨论一只股票用时一般在20～30分钟，所以留出一个半小时的时间，并且在之后约了本科的学长一起吃晚饭。

　　谁知道，在会前，老板"突发奇想"临时加了2只股票要大家一起讨论想法。之前计划中3只股票的讨论倒是提前结束，只用时1小时，但是后来的2只股票由于商业模式复杂，讨论了将近1小时还没有结论。在这激烈的讨论中，我很难抽出时间给学长发一个长微信具体说明情况，只是凭毫不准确的感觉一直告诉学长"还有10分钟结束""再有5分钟一定结束"……

结果这次会议足足持续了2小时30分钟，和学长的饭约已经推迟了1小时。会中学长打来电话也没有办法离开会议室去接，所以学长早就等得不耐烦，自己一个人吃饭去了。这就导致投资策略会议一直分心没开好，连这位学长也被自己得罪了。

我本人就有这种"想当然"的毛病，总喜欢把日程搞得一个接一个，仿佛满满的时间表是获得心理安慰的良药。但是这样一来，每个日程的容错率就会变得非常小。就像航班一样，一般来讲早晨第一班飞机是不会晚点的，但是后来每一班航班哪怕有一点小延迟，逐渐积累下来，等到下午或者晚上的航班，少则延迟20分钟，多则几个小时。我就有一次在北京出差的时候，一天之内雄心勃勃地约了6个会，结果因为交通问题每个会都晚一点，到了最后一个会的时候，就已经晚了将近2小时。一路上，每一个会议的时间我都不得不一推再推，连连说道歉的话。

解决这类问题的方法其实很简单，就是在每个日程之间设立一定的缓冲带，从而加大容错率。比如，预计30分钟结束的会议在设置时间表时可以稍微延长5～10分钟、午饭最少设1小时、晚饭最少设1小时30分钟、交通时间要预留出各种地图App预计时间的1.5倍等。

另外，实在没办法需要推迟一个日程的时候，一定不要因为内心的愧疚感而把自己预计迟到的时间说少了。就像上个案例中，我每次都是说再晚10分钟、再晚5分钟，一拖再拖，就把学长给彻底惹恼了，还不如一开始就往多了说，或者直接取消日程，这样也不会平白无故地继续浪费别人的时间。

案例：安排日程时没能考虑自己的状态

2016年我还是个实习生的时候，被派到了公司的纽约总部。当时作为一个见识尚浅的穷学生，第一次到纽约还是非常兴奋的，看演出、见朋友，从一开始日程就安排得非常满当。

我没有考虑到自己能否适应时差的问题，只是空凭着一腔热情认为自己一定没问题。然而，在到达纽约的第二天我就开始工作，参加了一个非常重要的会议，会议没有安排我发言，由于时差加上私人行程的轰炸，我十分疲倦，竟然以实习生的身份睡着了。

会议结束后，纽约总部大老板就过来拍了拍我的肩膀，说道："你那么困吗？"当时我就知道是时候改简历找下一份实习了，因为肯定已经丧失了转正的机会……

虽然已经过去好多年了，我也已经成长了许多，当时大老板没有因为这件事开除我，但是回首过去的自己，还是感觉那么地幼稚不成熟。现在看来，毕竟算是第一次"见世面"，也算是情有可原，但不大不小的偏差就让我留下了这个"终生阴影"。

其一是没有拎得清自己的阶段性目的是什么。作为实习生，我最大的目标应该是转正，而不是体验纽约，所以我应该将全部精力用在做好工作上，而不是开小差去体验生活。更理想的状态应该是，我们在决定给自己添加什么样的日程时，都要想一想这项日程对于我们现阶段的目标可能会有什么样的帮助，是能拓宽人脉还是有机会获取相关的新知识？又或者，单纯休息或与朋友一起放松，从而让我们更好地集中精力去达成目标，也是一个好的理由。唯一不好的，就是漫无目的地添加日程，这除了会无端消耗我们的精力，甚至如案例中所述，可能会影响我们实现最终目标。

其二就是自信虚高，太拿自己当"超人"了。我们每个人的精力水平不尽相同，做不同事情所消耗的精力也不尽相同。如果你喜欢见人聊天，那么一周7天每天约一个饭局你可能也不会疲惫。反之，如果你性格趋于内向，那么过多的饭局就会造成疲劳，从而影响你在日常工作中的发挥，多安排一些属于自己的读书、看电影的时间反而会使你更加高效。每个人都有属于自己的节奏，并且每一种节奏都各有特性、各有千秋，不用在规划日程时过度"逼"自己，而应当顺应自己的节奏，才能在每一项日程活动中如常甚至超常发挥，高效管理自己的时间。

　　每当设立新的日程时，我都会简单地在头脑中过一下自己有没有再次陷入这两个误区。俾斯麦曾经说过："笨蛋只会从自己的错误中吸取教训，聪明的人则从别人的经验中获益。"笨蛋的路我已经走过一遍了，希望大家能够从我的惨痛经验中获益。

张弛有度：
为自己留出时间

—

　　法律和道德对人的行为施加一定的限制，为的是让所有人能够得到最大限度的自由。正是这个道理，高效要求我们有较高水准的自制力和整理归纳能力，但为的并不是让我们时刻都处在高负荷的状态下。相反，高效是为了让我们能够预留出为自己而活的时间，而这些为自己预留出的时间有时恰恰能够帮助我们更好地达到高效状态。这听上去似乎有一些拗口，让我们通过案例来深入探讨一下。

案例：高负荷地埋头苦干，真的是高效吗？

　　阿寒是一家传媒公司的员工，主要负责为客户设计并制作广告视频。他虽然没有像很多投行或是咨询行业的同学那般"硬核"地每周工作正100小时，但是面对客户随时的反馈意见和经理永无止境的修改提议，他需要二十四小时时刻准备着。久而久之，他的动手制作能力越来越强，但却也感觉到自己的创造能力逐渐枯竭，只是刻板地听从客户、经理的需求，一遍又一遍地改着他的"作品"。

在生活中，他虽然已经结婚3年，但是除了假期之外很少有时间陪伴家人，而且即使是在家的时候，他也会提心吊胆地一遍又一遍的确认微信，生怕没有及时回复客户的某一条信息，从而不能把注意力集中到家庭生活上。久而久之，工作耗尽了他的脾气、他的梦想，甚至他和家人的亲密关系。因为需要一份收入，他却又不得不时时刻刻坚守在令他痛苦不堪的岗位上。

我相信阿寒是很多"打工人"的现实写照。虽然兢兢业业工作、业务水平过关，实际工作起来也不能谓之低效，但却总让人感觉他缺少了点什么。我认为，他缺少的正是自己的时间。成就高效人生并不是一味追求工作中的高效，用满满的工作安排把自己累得"半死"，我们更应该注意高效地生活，为此我们需要预留出专门给自己的时间，充分享受生活。

一味地埋头工作有诸多坏处。浅显地来看，首先，高负荷地埋头苦干很容易磨灭我们心底对工作和对生活的热情。正所谓路途太远太艰辛，我们甚至忘记了为什么出发，繁重的工作和令人难以承受的压力，能彻底"杀死"我们心底对"远方"的渴望。其次，它会影响我们与身边人的关系。客观上我们每周都有很长时间在家，这段时间我们的思想如果还游离在工作之上，可能自己的孩子也会察觉到，因此难以塑造良好的家庭关系。再次，压力可谓是造成众多疾病的罪魁祸首，很容易造成健康上的隐患，这点大家应该已经非常了解了。

与此同时，高负荷埋头苦干的状态还有两个非常隐蔽的弊端，甚至会影响到我们的职业发展。第一，要知道，一成不变地"做事"是很难获得成长的，因为我们在不同的职业阶段所需要的能力会稍有不同。毕业后刚开始的三五年，可能是真正撸起袖子干事的时候，到后面往往销售能力、领导能力、沟通能力才是决定事业高低的决定性因素，而高负荷地埋头苦干就会让我们难以察觉这些能力的重要性。第二，这种状态还有可能会给同事和领导造成一种自己是一个"可以任意碾压"的形象。这点听上去非常不公平，但这确实是一个现实。试想一下，你是公司老板，有一个中间管理层的位置可以提拔下属，在其他客观条件相同的情况下，你是会提拔一个任劳任怨、习惯于无止境让步的人，还是做事有理有据、公私分明的人呢？两者的人格魅力大不相同，发展潜力也大不一样。

为自己留出时间就是一个有效的解决方案。案例中，主人公阿寒看似走投无路，是工作把自己逼到了墙角，但是这样的结果可以说是他主动选择的结果。面对客户的要求，全部时时刻刻无条件全盘接受，那在客户看来他就是一个干事的"小答应"，相应地，工作成果也很难得到客户的尊重。他可以选择针对不同需求的客户，适当驳回一些并不合理的需求并说明客观的原因，同时提出一些其他建议，这才是为客户着想。面对上司，不做一个随时随地随叫随到的员工，而是做一个有理有据、不卑不亢、工作又拿得出手的员工，这样会赢得更多的尊重。虽然看似悲催，但人性就是欺软怕硬的，我们没有办法和人性抗争，软中带硬、柔中带刚才能人设立得响。在这里不得不感叹一下中华文化的博大精深，早在《道德经》中就有"天下莫柔弱于水，而攻坚强者莫之能胜"❶，说的就是水的柔中带刚，柔却蕴含着攻坚克强的强大力量。

实际操作中，我们如何做到为自己预留时间呢？或者说，我们应该如何与客户或是上司沟通呢？具体来讲可以有以下几种方法。

（1）巧妙拒绝法

拒绝可是一门学问，单就这一主题就可以写一本书了。在这里我只为大家介绍一个百用不厌的拒绝话术。生硬的拒绝会使人产生不适，所以我们要巧妙拒绝，可以分成四步——肯定、婉拒、阐述原因、建议。

比如，如果你在陪家人吃饭的时候收到上司的来信，就可以

---

❶　翻译为：遍天下再没有什么东西比水更柔弱了，而攻坚克强却没有什么东西可以胜过水。

说："收到，不过现在我可能不太方便，我正在和家人吃完饭，我能不能大约1小时之后回复您？"这样既可以不让上司反感，还能隐约地让别人感觉到你是一个可靠的人。

（2）稍晚回复法

假如你手头在干的事情即将结束，且对方发来的要求还不到"火烧眉毛"的关头，其实稍晚回复并不会造成什么损失。你完全可以放下手机，完成手头工作后再回复并稍加解释。

（3）远离法

如果你的工作本身不涉及万分火急的内容，你完全可以在时间表上标记上属于自己的时间，并且在该时间段内把手机寄存在一个地方，或者开启免打扰模式，专心享受属于自己的时间。

好不容易为自己预留出的时间，我们应该怎样度过呢？简单来讲，我们只要做想做的，并能让我们精神放松的事情就可以，以能充分放空自己的活动为佳。我们可以选择运动、读书、见儿时的朋友、陪伴家人，哪怕是单纯"躺平"也无妨。

在这里，其实还有一个可以一举两得的事情，我们可以用留给自己的时间来培养一项相对小众的兴趣爱好。这些小众爱好可以让我们在精神得到休息的同时，获得可以让别人印象深刻的标签。试想，在自我介绍时，如果能说一句"我是一名跳伞爱好者"，那是有极大概率可以被别人记住的。如果我们能在为自己而活的同时，获取一个"稀有成就"，成为一个有趣的人，对我们发展人脉也会有相当大的好处。

从我和我身边人的实际例子来看，这些小众爱好主要可以分三大类：静态类、动态类和刺激类。喜欢静态类的可以养花、垂钓、园艺、折纸、磨咖啡。喜欢动态类的可以有小众球类运动，比如壁球、网球、橄榄球、高尔夫，也有肢体类的，比如柔道、拳击、登山、骑行。喜欢刺激的可以跳伞、蹦极、射击、滑雪、潜水。具体哪一项运动其实并不重要，只要符合个人偏好，且能较为长久地坚持下去就好。

案例：放空时的才思泉涌

刚开始决定写书的时候，我还在纽约读MBA。在规划写作内容时，我时常感到一头雾水，不知应该从何下手。坐在桌前打开电脑，我也总是集中不好注意力，抓耳挠腮。

有一天纽约地铁维修，放学后没法坐地铁回家，我便选择了骑纽约版共享单车"Citi Bike"回家。傍晚没有什么行人，我沿着中央公园里的自行车道一路骑行大约20多分钟。逐渐地，我感觉到头脑放空，并且我并没有在专注思考关于写作的事情，但是一个又一个想法却涌上头来。这些还都是可以付诸实践的好想法，帮我在写作本书的路上迈进了一大步。

相信大家也都拥有类似的经历，苦思冥想毫无进展，头脑放空反而突飞猛进。这也是为什么我需要为自己留出时间的原因之一，属于我们自己的放空时间往往可以成为创造力的源泉，从而反哺我们的工作。

在哥伦比亚大学MBA入学之前，学校给我们每人一本书——《第七感：灵感如何改变你的人生》❶。书中将"第七感"定义为灵感。因为人脑的构造，我们往往在放松惬意的时候才会产生诸多灵感。而这些灵感大多是一些不经意间错过的两种或多种事物的结合，从而诞生一个崭新的事物。举例来说，我们生活中有很多非常新奇却实用的物件，比如把手推车与婴儿车结合就有了我们现在超市里的购物车，又比如互联网和市场结合诞生了线上购物，这些伟大的产品或商业模式，都是从"第七感"而来的。

这其实给了我们又一个理由，我们需要时常预留出一些时间为自己而活，尤其是做一些可以让我们神经放松的活动，比如本小节前面提到的垂钓、骑行、登山、射击等，都有此类效果。

---

❶ 英文原名为 *The Seventh Sense: How Flashes of Insight Change Your Life*，作者 William Duggan。目前中文版尚未面世。

切忌过度规划

—

　　我认为儒家的中庸思想非常奇妙。对待任何事物都要遵循客观规律，都要适可而止。人参再好，吃过量了也不好；多喝水再好，突然间大量摄入也可能会导致水中毒。世间万物、人间各事，总有一个适当的度，而这个度则需要因时、因地、因事自主掌握。这一点当然也需要用在我们的时间规划上。如果我把本章第一小节中的时间表大幅度细化，就会变成下面这个"反面教材"。

　　加上每一个细枝末节之后，这才是我作为咨询顾问一周的完整工作生活写照。日程分类在工作日程、私人日程的基础上，我又添加了个人工作处理、交通移动这两个日程类别。一眼可以看出，整个时间表瞬间变得极其杂乱，非常不方便查看，并且在规划和添加每一个不必要的日程上，浪费了大把时间。与此同时，由于诸多日程被提前规划，但凡一天当中有一个出现问题，后边的日程都很有可能受到影响，缺乏缓冲区，需要时刻调整。

　　当然，为了论述"切勿过度规划"这一观点，我故意有些夸张，将时间表细化到了"令人发指"的程度。但是这确实直观地呈

示例：过度规划的时间表

	周一	周二	周三	周四	周五	周六	周日
9AM	地铁上班	MU5555 上海→北京 (虹桥机场) 滴滴专车移动	滴滴快车上班 销售专家访谈 (13343214321) 整理访谈报告	滴滴快车上班 项目进展汇报 (Zoom视频链接) 整理访谈修改意见	滴滴快车上班 修改PPT	地铁移动 健身 (XX健身房)	放空
10AM	准备会议讨论资料 (会议室1701) 收合会场			修改PPT	团队会议 (会议室1672) 修改PPT		
11AM			制作PPT 滴滴专车移动				
12PM	午餐/大卫 (地下XX餐厅)	午餐/客户团队 (国贸XX餐厅)	午餐/志成 (国贸XX餐厅)		团队简餐 (会议室1672) 修改PPT	地铁移动 午餐/安其&杰哥 (静安区XX餐厅)	地铁移动 午餐/校友会 (陆家嘴XX餐厅)
1PM		步行移动		准备客户访谈 (会议室1670)			
2PM	制造业专家访谈 (13312341234)	通话/手经理 (17812341234) 整理访谈报告	滴滴快车移动	客户访谈 回复客户问题	准备汇报	逛书店 (静安区XX书店)	地铁移动 放空
3PM	整理访谈报告		准备会议讨论资料	学术界专家访谈 (13543214321)	项目进展汇报/ 客户A、客户B (客户会议室2101)	喝咖啡+看书 (静安区XX书店)	
4PM	项目进展汇报 (Zoom视频链接)	回复客户问题		整理访谈报告 制作PPT			
5PM		团队会议 (会议室1672) 收合会场					
6PM	整理领导反馈 修改PPT	步行移动	制作PPT	准备客户访谈 客户访谈 (会议室1673)	整理客户意见 修改PPT	地铁移动 选外卖 吃饭	选外卖 吃饭
7PM	晚餐/客户A (新天地XX餐厅) 修改PPT	团队晚餐 (国贸XX餐厅) 滴滴快车移动	团队晚餐 (朝阳区XX餐厅)	团队简餐 (会议室1673)	晚餐/杰森 (国贸XX餐厅) 滴滴专车移动		放空
8PM			滴滴快车移动	滴滴快车移动 汇报练习 (酒店房间)		放空	
9PM		XX酒店入住 制作PPT	制作PPT 通话/父母 (微信视频)		MU6666 北京→上海 (首都机场) 滴滴专车移动		项目进展回顾 (自己)
10PM	滴滴快车下班 收合行李		制作PPT				放空
11PM				整理客户反馈	滴滴专车移动		

现出了过度规划的弊端。我们在规划时间、使用时间表时一定要注意，时间表是我们管理时间的工具，将时间表规划得满满的并不是我们的目的。

正确的打开方式：
如何高效使用时间表

—

在学习了如何选择、制作时间表和如何规划日程之后，我们来讲一讲应该如何高效使用时间表。核心其实非常简单，就是要在对的时间，以合适的强度来确保我们对自己的日程安排心中有数。让我们来通过案例深入了解一下。

案例：一时松懈可能导致"灾难"

阿明是一家金融公司的高管，热爱跑步，工作业绩出色，但是却总是因为一些小事受到诟病。有一次，他下班后沿着河边跑了将近10公里，到了将近晚上10点，他才心满意足地打车回家了。到家后自然是陪陪老婆陪陪孩子，再看一下今天下属的工作汇报，结束了充实的一天。

第二天一觉醒来，他发现自己的手机有6个未接来电，打开一看，他居然忘记了今早7点有一个非常重要的早餐会议。为了拓展新客户，他拜托老同学约到了一个高价值用户。对方等了他20分钟后仍然没有收到他的消息，愤然离开了餐厅，这下不仅生意没谈成，老同学也给得罪了。

在职场生活当中，稍有一个疏忽就可能功亏一篑，尤其对于不擅长把控细节的人来说。在纷繁的日常工作当中，又或是在较为轻松所以容易掉以轻心的情况之下，错过一个日程并不能算是"罪大恶极"，但是在复杂的社会里，几乎不会有人愿意给我们第二次机会。

所以我们一定要养成一个良好的习惯，时时刻刻在心中对于自己的日程有一个大体的印象。为此，我个人养成了每天在早晨起床后、中午饭前、晚上睡前3次确认时间表的习惯。起床后，大致地了解今天的工作安排能够帮助我们更好地进入状态。中午饭前确认下午的日程，我们才能知道可以在午饭上花多长时间，需不需要用简餐然后早早回去准备下午的事情。晚上睡前确认是为了保证次日日程正常进行。

此外，保险起见，我还建议大家将重要的日程设上开始前30分钟的铃声提示。有时候，错过一个重要日程可能会造成无法挽回的后果，这种不必要的损失我们应当极力避免。

睡得明白：
R90 周期睡眠法

—

接下来的 4 个小节里，我们将会深入探讨睡眠管理这一主题。睡眠至少会占据我们人生当中四分之一的时间，所以重视睡眠时间是极其必要的。很多人认为睡眠是和喝水吃饭一样自然的事情，但其实睡眠大有玄机。

想要了解其中的玄机，我们要从睡眠的结构开始说起。在《睡眠革命》一书中，作者尼克·利特尔黑尔斯介绍了 R90 睡眠法。尼克·利特尔黑尔斯可谓是"睡眠届的专家"，他本来是一个床垫商人，后来他为众多运动员指导科学睡眠，包括著名的足球运动员 C 罗在内。在 R90 睡眠体系中，我们的睡眠大体可以分为 4 个部分：打瞌睡期、浅睡眠期、深睡眠期、快速眼动睡眠期。

打瞌睡期是睡眠刚开始时半梦半醒的状态，比较容易因为相对小的响动而惊醒。不过一般来讲，这个阶段只要没有持续的外部干扰，再次入睡是比较容易的。

随着睡眠逐渐变深，我们会进入浅睡眠期。在这个阶段，我们体温和心率都会开始下降，身体也在为进入更深度的睡眠而做着准备。在该阶段，如果有人呼叫我们的名字，我们还是容易醒来。

再之后就是深睡眠期。这个阶段里，我们会睡得很沉，并不容易被叫醒，我们身体的自我修复就多产生于这个阶段。

最后是快速眼动睡眠期，该阶段属于睡眠深度较浅的一个阶段，我们会做梦，并且我们脑中的短期记忆会开始重新排列组合，所以创造性与快速眼动睡眠期密不可分。历史上，很多重大发现的线索和重要发明的灵感就来自快速眼动睡眠期。

介绍过睡眠的4个阶段之后，接下来就是R90睡眠法的核心重点了。在打瞌睡期之后，我们的睡眠会在浅睡眠、深睡眠和快速眼动睡眠这三个阶段中不断交替，而每一次交替的周期为90分钟左右。R90睡眠法要求我们，睡眠时间最好是90分钟的倍数，一般来讲6小时或7.5小时最为适宜，这一点对于我们管理每天的头脑状态至关重要。

如果清晨我们是从90分钟周期的中间醒来，也就是从深睡眠期一下子过渡到了清醒期，这个时候我们会感受到整个人都昏昏沉沉，并且非常嗜睡，这是因为我们从深层的睡眠当中一下子清醒，没有一个过渡的阶段，进而造成我们一整天都状态不好。

根据R90理论，我们每一个睡眠周期的时长大约为90分钟，即在这90分钟之内我们会从浅睡眠进入深睡眠，然后再次回到浅睡眠，所以如果我们把90分钟设置为一个睡眠单位，睡觉时间以睡眠单位来计算，我们就能保证我们醒来的时候都是从浅睡眠当中苏醒过来，也就不会发生醒来昏昏沉沉，整天状态不好的"悲剧"了。

所以简单来讲，我们每天的睡眠时间控制在7.5小时最佳，有时也可以选择6小时或9小时。不过，为达到R90睡眠法的效果，我们还应该注意以下几点。

（1）如何度过睡前时间

R90的睡眠周期是从我们真正入睡时开始计算的，躺在床上准备入睡的时间并不能计入当中，所以每天躺下后在相对较短时间内入睡就成了一项重要的任务。这就要求我们在睡前不可以进行使大脑活动加剧的活动，以防止失眠。

自身而言，一般从放下手机、闭眼到入眠的时间一直稳定在10分钟左右，所以我在每周的工作日几乎一直贯彻着同样的睡眠时间。在下一个小节，我会介绍我使用的各种"催眠"妙招。

（2）周中周末的睡眠节奏需要一致

R90睡眠法成功的核心之一就是恒定的生物钟，如果周中早睡早起而周末晚睡晚起，我们的生物钟就可能发生紊乱，睡眠周期将变得难以掌握。

在R90睡眠法中，起床的时间比入眠时间重要。如果我们想在周末早睡或晚睡一个周期（90分钟），我们也要维持同样的起床时间。也就是说，如果我们平时7点钟起床，周末也尽量7点钟起床，从而维持生物钟的稳定。不过，我们在周末可以通过白天补觉来进一步补足睡眠。

（3）得当的睡眠周期

根据《睡眠革命》，我们一周睡满28个周期勉强及格，32个周期相对良好，35个周期相对更优。也就是说，如果我们能保证每周7天，每天6小时睡眠，总体时长就算及格。怎么样，是不是比想象中的要短很多呢？但这只是最低限度，每天低于6小时则有可能引发健康隐患。另外，在睡眠不足时，我们无法保证头脑能够在最优状态下运转，俗称可能会"变傻"。

如果作为一个"硬核"的职场人，有哪一天无法保证6小时睡眠怎么办？我们在白天如果能睡上大约30分钟，也可以记为一个周期。我们可以利用午休时间或周末白天的时间来补足睡眠周期。

（4）实践中的发现

对加班到凌晨是常态，甚至偶尔加班到清晨的我来说，过去多年在实践R90睡眠法时遇到过很多实际困难。在这里，我也想分享给大家，帮助大家成功"排坑"。

首先，睡眠习惯的转换虽然痛苦，但熬过痛苦就是一片光明。我在20岁之前，一直保持每天9小时以上的睡眠，从不熬夜，几乎是"老年作息"。从大二开始，读书、参加金融社团、考资格证……忙碌之中，自然难以维持每天9小时的睡眠，不得不短时间内强行变成了每天6小时睡眠。最开始的一个月，感觉每天起床都非常困难，而且白天状态总是不太对劲。我靠每天2～3罐咖啡才度过了这艰难的一个月。但是当我的身体逐渐适应了新的作息之后，我发现每天的精气神又回到了之前9小时睡眠时的状态。要不说人是适应性极强的动物，只要形成新的生物钟，每天6小时与每天9小时的差别没有想象中那么大。

其次，90分钟的周期不用做到100%精确。人非机械，每天的入睡时间难以控制，醒来之后的身体状态也难以控制，所以睡眠时间很难精确地把控到正好90分钟。从多年的实践来看，正负15分钟的误差还是可以接受的。夜晚入睡时，如果超过既定时间还没有睡着，不用太纠结90分钟的周期会被打破。如果清晨睁眼发现今天身体格外疲惫，上个15分钟的闹钟睡个小回笼觉也未尝不可。过度吹毛求疵反而容易导致神经敏感，更会影响睡眠。

本小节中我们介绍了睡眠周期的原理、R90睡眠法，以及使用R90睡眠法的注意事项。但其实，睡眠时所处的环境也会在很大程度上影响我们的睡眠质量，这便是我们下一小节的重点。

睡得主动：
如何调整睡眠状态

—

睡眠环境影响睡眠质量，主动出击改变睡眠环境，我们就能提高睡眠质量。下面我们将探讨亮度、温度、噪声、床面情况、身体状态、手脚自由度这六个因素对于我们睡眠质量的影响，并给大家分享如何能在睡醒后快速进入高效状态。首先，让我们一一分析影响睡眠质量的各种因素。

（1）亮度和温度

将温度和亮度放在一起讲，主要是因为这两个因素会影响人体催眠剂——褪黑素的分泌。褪黑素又叫褪黑激素，是人体中控制生物钟的物质。褪黑素分泌正常与否，直接影响我们能否快速入睡。

亮度是对褪黑素分泌影响最大的因素。我们的视网膜在接触到亮度信息后，会传输给一个叫松果体的器官，而正是松果体掌管了褪黑素的分泌。如果我们睡前处于过于强烈的光源之下，又或者在我们睡觉的空间有其他光源影响，褪黑素分泌就会减少，从而影响我们入睡或打乱我们的睡眠周期。我个人而言，只要在亮处入睡，次日起床后就一定会头疼，不论睡了多长时间。所以我每天都是拉好窗帘、关好所有灯、手机屏幕扣在桌面上再上床睡觉的。

再来看温度。过高的温度也会影响褪黑素的分泌，这也就是为什么天热的时候我们会更难以入眠。我入睡时通常会把空调温度调低1～2度，这样不仅由于褪黑素的缘故能够更轻松入眠，并且由于在温度低的环境里，我们睡眠时的肢体活动会减少（不会蹬被子），整晚的睡眠质量会相对提高。

（2）噪声

每个人对声音的敏感度不同，但大体上，都是周边环境越安静越容易入睡。这就要求我们在买房、租房选择卧室的时候，尽量不要选择临街的，如果临街，也尽量不要在闹市区。如果不幸在闹市区临街，就需要我们选择密封性好的门窗，或是准备好耳塞或降噪耳机等装备。

但是现实世界往往是残酷的，在客观原因不允许的情况下，我们看起来唯一能做的补救措施也就只有耳塞或降噪耳机了。但是这样一来又会影响我们睡眠的舒适度，我有时"不幸"佩戴耳机睡着，一觉醒来头痛加耳痛。不过，幸好我们还有一招可以相对减少噪声，那便是"白色噪声降噪法"。

这一方法比较特殊，就是利用白色噪声打败噪声，用"魔法打败魔法"。一般来讲，容易使我们半夜惊醒的是不连续、不规则的突发声响，比如突如其来的雷声、暴雨声、呼喊声、汽车鸣笛声等。在纽约生活的两年里，我深受汽车鸣笛声之害，纽约曼哈顿岛上道路窄，房子全部临街，不论住在哪里，每天晚上都能听到各种鸣笛声和引擎轰鸣声。每当这时，我都会采用白色噪声降噪法，把空气净化器开到恒定大风模式，或是打开笔记本电脑外放雨声。这样一来，规则的白色噪声就会相对弱化突如其来的鸣笛声，让我在深夜不至于惊醒。但是我们也要注意，白色噪声的声响也不宜过大。如果非要有一个标准的话，以50分贝以下为宜，否则也容易令人烦躁，并且会影响心脑血管健康。

（3）床面情况

床面情况对于睡眠质量也至关重要。这就要求我们保持床面的整洁，床单、被套、枕套定期清洁或更换，无须多讲。除此之外，我们还应该挑选适合我们的寝具和床垫。寝具需要根据我们的偏好来选择，包括枕头的类型、软度，还有被子的薄厚、被单的材质等等，并且根据地点不同要选择不同保暖性的被子。睡眠在我们生命当中占据了很大一部分，说是最重要的一项任务也不为过，为了良好的睡眠，我们一定不可以舍不得花费时间，一定要用心选择能让自己最舒服的寝具。

此外，金钱方面我们要在一定程度上敢于投资。如果各项条件允许，我们要挑选一个适合自己的床垫。市面上有五花八门、各式各样的产品，核心指标其实就是床垫的软硬。一般来讲，体重较轻的人适合软一些的床垫，因为软床垫便于放松肌肉，而体重较重的人适合硬一些的床垫，以防止床面过于凹陷进而影响腰椎健康。每当我长居一个地方的时候，我在床上的花销都能占到全部家具开销的20%以上。哪怕电视买得便宜，平均下来一天最多也就只看差不多2小时，使用时长远不如床。并且，由于床垫长期使用可能会滋生螨虫，越来越脏，最好在使用5年左右就要更换，所以在选择床垫时也不要只选最贵最好的，未来更换时的预算也要酌情考虑。

（4）身体状态

有时候，一些"非正常"的身体状态也会影响睡眠质量。

首先，醉酒状态下，睡眠质量一般不会太好。在我们失眠时，微量的酒精虽然会帮助我们入睡，但是过量饮酒会使睡眠周期紊乱，睡眠时我们的身体会一直忙于分解酒精，让身心得不到充分休息，因此不过量饮酒是维护高效睡眠的上策。

再者，睡前我们还应该注意不要暴食，以维持适当的饱腹程度入睡，过饿或者过饱都不利于睡眠，具体的程度还需每个人自行掌握，在此不做赘述。

除去"硬件"上的身体状态，稳定的心理状态对于睡眠的影响也至关重要，焦虑不仅会导致失眠，还会导致整夜的睡眠质量下降。我们在睡前止不住地焦虑其实是因为我们难以立刻解决某些苦恼，只能一直惦记着。我们可以采取"记录法"来应对这种情况。说来其实非常简单，在睡前，我们可以准备一张纸一支笔，记录下来头脑当中不断萦绕的待办事件，然后把这张纸放在一个显眼的地方，以便醒来以后查看。这样一来，我们的焦虑就得到了安放，从而帮助我们在进入睡眠时抛开焦虑，安然入睡。

（5）手脚自由度

"手脚自由度"这个词看起来很怪，不过顾名思义，就是在准备入睡的时候，我们的四肢能否较为自由地移动。

人类有很多潜意识活动，而这些活动溯其根源是原始时代的生物本能。原始时代，几乎所有生物都在拼命生存，稍不小心，随时都有可能成为其他生物的"盘中餐"。而对于生物来说，最危险的时候莫过于睡着的时候，所以任何生物在睡眠时都会保持一种本能警惕，以便在受到袭击时随时逃跑。因此，在我们深层的潜意识里，睡觉时手脚被束缚的话，就会影响我们随时"逃命"，从而导致睡眠质量下降。

在实际生活中，我们睡觉时不应该选择太小的被子，因为那样我们会因为将就被子的大小而伸展不开四肢，从而影响手脚自由度。还有的人，睡觉时喜欢像韩国的"紫菜包饭"一样，用被子把自己卷起来，这同样也会影响我们的手脚自由度。

因为自己经常被迫熬夜，我学会了如何把有限的睡眠利用好，让自己得到充分休息，期间我也走了许多弯路，希望本小节的内容能够帮助大家更高效地管理睡眠。

如何控制失眠

—

失眠可谓是现代人的最大难题之一。根据中国睡眠研究会等机构联合发布的《2021年运动与睡眠白皮书》，在我国约有3亿人存在不同程度的睡眠障碍，成年人失眠发生率达到3～4成。我们通过下面这个简短的案例来回顾一下我们几乎每个人都可能有过的失眠经历。

案例：失眠，现代人挥之不去的"阴霾"

最近工作繁忙得不得了，你天天需要加班到深夜12点钟才能勉强把手头的工作做完，还不敢说做好。由于长时间缺乏睡眠，10点钟左右便困意袭来，为了继续做好工作，你准备了一杯咖啡。因为担心晚上睡不着，这杯咖啡你只喝了三分之一，扔掉了剩下的三分之二，喝咖啡只喝到让自己勉强维持清醒状态的程度。

工作结束回到家，已是将近1点钟，你准备睡下了。刚躺下的15分钟，还勉强有一些困意，但就是没能睡着。你已经感觉精疲力尽，但还是睡不着。随着时间一点点流逝，越睡不着越焦虑，越焦虑越睡不着，羊已经数到好几百了，但是一点效果都没有……

相信这个案例一定是许多人熟悉的经历。虽然我们每个人失眠的具体原因多种多样，但归根结底都是焦虑使然。在上一个小节里，我已经给大家分享了用"记录法"来面对睡前焦虑。在这一小节，我会告诉大家更多面对失眠的方法。

（1）环境调控法

具体做法等同于在前一小节中介绍的通过改变客观环境来提高睡眠质量，在这里不再重复叙述。

（2）"向失眠低头法"

失眠之所以是我们的敌人，就是因为我们一味反抗，却又适得其反。如果摆出一份"死猪不怕开水烫"的心态，有时反而能够战胜失眠。

首先，我们要摆正心态。全世界没有几个人是因为失眠而死的，失眠的直接威胁也就是第二天会比较困而已，上午喝杯咖啡打起精神就能解决的事，也没多大不了。在思想上，"摒弃"掉每天要睡足多少小时的传统观念，我们才能卸下包袱，在失眠的时候不焦虑。

摆正心态之后，我们可以好好利用失眠的这段时间。不过要注意，在这段时间内，我们不宜进行导致焦虑或者太过激烈的活动，比如刷抖音、刷知乎这类会让我们徒增焦虑，而出门跑步则会让我们越来越精神，越来越不困。在失眠时最好的活动便是读书。我在读书时喜欢同时读2～3本书，有易读也有难读的，为的就是交叉前进，不至于因为一本太过难懂的书而放弃阅读这件事情。在夜晚失眠的时候，难懂的书就派上大用途了。夜半三更，失眠起身，抄出一本《资本论》来读读？又或是打开"红宝书"久违地背背单词？10页之内你就会困意陡增，比起啃这些又厚又难的书，还是睡觉来得轻松一些。但这时，我们尽量不要选择电子书，因为电子书的载体往往充满了其他诱惑，让我们无法集中注意力，看着看着书可能就转去刷短视频了。如果那样，我们的"向失眠低头法"就会适得其反，反而成为失眠的帮凶。

再或者，我们可以做一些日常工作中机械性、不用太动脑子的工作，比如贴发票、报个人所得税等，这一类工作往往都是我们在平时不太愿意做的，在失眠时拿来做就会有奇效。

如此一来，失眠就成了我们给自己"补课"的大好机会。如果在读书或者做琐碎工作的时候睡着了，则万事大吉。如果万一不幸，一直失眠，最差的结果就是我们"充实"了自己的失眠时间。因此，"向失眠低头法"可以很好地助眠，同时也帮我们规避了失眠的坏处。

（3）外力助眠法

除了"向失眠低头法"这一靠"内力"助眠的方法之外，我们也可以借助一些"外力"助眠，比如吃一些有助于睡眠的食物。这些食物在网上都不难找到，比较典型的有黑芝麻、牛奶、香蕉、杏仁等。

如果是作息不规律引起的失眠，比如周末中午不小心睡多了，我们可以通过服用褪黑素来达到助眠效果。市面上有众多含有褪黑素的保健食品，可以轻易购买到。不过物极必反，任何物质服用过量必然有害，褪黑素也不可长期服用，最好只用在午睡过多、调整作息、调整时差这类特殊情况之下。

（4）预防失眠

在斯诺克职业选手当中，约翰·希金斯可谓是发挥最稳定的选手。他擅长运筹帷幄，能够精确把握球的走向，并且通过策略取胜。他的比赛往往给人感觉没有什么惊人的操作，但是有可能对手一个不小心，他就能一杆到底打赢整局。

希金斯的这种稳健风格给了我很大启示。在失眠上，与其在失眠时绞尽脑汁思考如何入眠，不如在日常生活中就预防失眠。向内，调整心态，不强求，不把希望过多寄托于自己控制不了的事物上，知进退，能成事则拼命向前，不能成则尽早壮士断臂。向外，尽量远离可能导致失眠的诱因，比如晚上喝咖啡、喝可乐，或者睡前刷短视频等。

此外，如果你是容易失眠的人，那就要做到尽量在每晚第一次感觉到困意的时候入睡。如果错过了第一次困意，也就是俗称"困过劲"，之后入睡的难度就会上升。

我当然也知道，这些预防手段虽为上策，却都是说起来简单做起来难。这就需要我们不断磨砺自己，不断努力，不断试错，从不放弃成长。

神奇的"活力小睡"

——

"活力小睡"（power nap）这一概念与R90睡眠法中主张的白天30分钟午睡略有不同。在R90睡眠法中我们学到了，如果白天能够午睡30分钟，也可以记录为一个睡眠周期，而这种午睡的重点其实并不在提高效率上，而是在补足睡不够的睡眠周期的个数上，因此这种"补觉"最适合安排在周末。那么工作日当中，如果我们在中午或者下午感觉到困倦疲惫，就轮到活力小睡来发挥作用了。

在时长上，活力小睡的核心就在一个"小"字上，通过短暂的睡眠快速恢复我们的活力。通常来讲，活力小睡不能超过25分钟，因为25分钟以上我们就有可能进入深睡眠期。回想一下，之前在R90睡眠法中介绍睡眠周期时，我们提到了如果在深睡眠期醒来，我们会感到头昏脑涨，智商、情商都打了个折。这样一来，我们活力小睡的目的达不到，反而还会起到反作用。在实际操作中，我通常会在中午或者下午小睡时，将闹钟设在17分钟后，因为对于我个人而言15分钟的小睡仿佛是最清爽的，再加上2分钟的时间入睡，所以17分钟刚刚好。我建议大家可以多试试不同的时长，找到一个合适的小睡时长，在保障恢复精力的同时，不让自己醒来后头脑呆滞。

在场所上，如果有条件的话，最佳方式当然是舒适地躺下来睡，比如公司的休息区、公司附近有单间的网吧等，不过我相信对于大多数人来说，这样的条件还是比较奢侈的。我们还可以选择坐着睡或者趴着睡，实际效果相差不会太多。我们可以到公司公共区域的沙发或者直接在自己的座位上调低靠背垫，又或者网购一个"午睡神器"来舒舒服服地躺着睡。

在心态上，我们一定要摆脱午睡是偷懒的想法，包括团队领导们也不应该干预员工们的"小睡"。效率低下，频频打盹的时候，一定做不出太多有效工作，反而会让失误率陡增，得不偿失。

在本章中，我们学习了如何规划并制作时间表，以及如何管理好睡眠——这一占据人生中1/3时间的事情。在接下来的一章中，我们将转换场景，一起来探讨如何在"社交"，这一在职场中经久不衰的主题上做到高效。

CHAPTER THREE

第三章

—

高效社交

—

进入社会之后，社交是一个几乎不论是谁都绕不开的主题。或许在我们刚刚踏入职场时，只要把手头的事情做出色，就会称得上是优秀了。但是越到职业发展的中后期，越接近管理者的位置，我们就会发现和人打交道才是职场的主旋律。所以在大多数职场中，社交能力是一种可以直接决定我们职业生涯高度的能力。在本章中，我们将共同学习如何高效地建立以及维系人脉，并且指出社交当中一些常见的误区。

团体社交——人脉拓展的高效思路

—

　　万事开头难，在社交当中也同样是这样。社交的第一步——拓展人脉，往往是在我们看来最难且最不自然的，尤其是对相对内向的人而言，很难走出在各个场合"与陌生人说话"的第一步。并且，如果光靠"蛮力"一天拓展一个人脉，那穷尽一年的时间，我们最多也就只能见300个人，并且单靠见一次是不可能把"一面之缘"变成有效人脉的。这就要求我们在拓展人脉的时候讲求方式方法。

　　经过多年的碰壁和探索，我总结出了高效拓展人脉的一大关键词，那就是"团体"。我们可以通过以下两个案例来比较分析团体社交的优势。

案例：单体社交

　　大海是一家B2B软件公司的销售代表，日常工作就是向线下企业推销他们公司的软件系统。大海自毕业以后，对待工作一直是满腔热血。在发展新客户上，大海从来不怕"跑断腿"，整天不是在发展客户，就是在去发展客户的路上。为此，他周一到周五几乎每天的晚饭之后都不闲着，都安排上了见潜在客户的日程。

然而，随着他见的人越来越多，奔波越来越多，才刚30岁的他身体已经开始出现问题。虽然靠着自己的勤奋，广撒网成功发展到的客户每年也都能达到公司的标准，但是他已经对年复一年"跑断腿式"的工作感到厌烦。可是随着他的年薪逐年上升，公司对他的业务量要求也越来越高，他也只能用更加勤奋的奔波来应对。虽然知道这样下去不可持续，但是却找不到突破口……

案例：团体社交

阿乔是大海的同事，和大海一样是这家B2B软件公司的销售人员。她自认没有大海那样勤快的腿脚，所以一直在钻研怎么样才能干最少的活，成最多的事。

通过一年多的工作实践，她发现一般在公司里决定采购哪个软件的都是财务部门，并且财务部门会向一线工作人员以及公司内的软件工程师收集意见。那怎么才能最快地认识众多财务部门的人呢？她了解到，财务方面含金量最高的证书之一就是特许金融分析师（CFA）资格证，于是她立刻报名参加了报考这个资格证的线下班，并且在班里认识了一众在财务部门工作的同学。在和同学们混熟之后，课余时间大家也会聚起来，席间大家各自聊起自己的工作，于是阿乔自然而然地介绍起了公司的软件……

与此同时，阿乔还通过她最近购买的电动汽车的车友会，认识了一帮"技术宅"和都市白领。这下子，她就集齐了她需要结识的三方面人脉，即使是销售目标逐年递增，阿乔也有近乎取之不尽、用之不竭的人脉资源。

我相信众多职场新人的经历都和案例中的大海相似。甚至，能做到大海这般勤奋，已经很出色了，然而久而久之还是会在职业发展中遇到瓶颈。

阿乔在大海进行"垦荒式"业务发展的时候，并没有急于动腿，而是从动脑开始，首先明确了自己拓展人脉的目标在哪里，并在之后找到了能够大规模结识目标人脉的团体。团体往往是由兴趣爱好或者目标相近的人组成的，所以想要结识一类人的时候，通过加入一个团体来大规模间接结识团体当中每个人的做法是最高效的。人是一种群居生物，生活在群体当中是最贴近自然状态的。并且不可否认的是，在与同一个团体的人见面时，我们就是会感受到一种莫名的亲切感，哪怕之前听都没听说过对方。因此，团体社交是拓展人脉最有效的方法之一。

那我们可以加入哪些团体呢？或者说，我们应该怎样通过团体拓展人脉呢？我们可以参考以下这四步策略。

第一步：找准拓展人脉的目标群体

即使是团体社交，漫无目的地随便加入一些团体，到头来也可能会浪费时间。所以我们在拓展人脉之前，一定要明确自己结交人脉的目的是什么，从而了解到应该和哪个群体建立联系。

并且，很多时候，我们的目标群体很可能会与我们想象的不同。比如在阿乔的案例中，她精确地把握到了采购B2B软件的核心是财务部门，她才没有绕弯路，直接找到了最核心的目标群体。在听到这个例子之前，作为一个妥妥的外行，我曾经一度认为软件采购的核心决策者当然应该是目标公司的技术部门，或者是使用该软件的一线工作人员。可见，在确定目标群体的时候，我们一定要做好行业洞察，万万不可想当然，这样才能精准找到最直接的、能够帮到自己的决策者。

与此同时，我们也大可以未雨绸缪，提前以拓宽人脉为前提，加入一些目的性并不是很强的团体，同时还能结识志同道合之人，例如校友会、兴趣小组等。在人脉宽广起来之后，当我们真的需要结交特定领域的人群时，可供我们搜寻的范围也会扩大，甚至有的时候，人脉还会自己找上门来。

第二步：梳理可以加入哪些团体

我们可以加入的团体，大体上分为四类。

第一类，学习类团体。我们的大学校友会、学生会，高中同学会，又或是案例当中阿乔参加的线下学习班，都可以算作学习类团体。由于在学习团体中，大家都来自同一所学校，或者是为同一个目标而努力的人，因此我认为是进入社会以后，最容易发展成朋友关系的群体。虽然案例中，阿乔加入CFA学习班结识财务部门的人确实有一些刻意，但平时我们在校友、同学聚会时，并不一定要拥有明确的目标。仅仅身处于学习类团体当中，我们就可以大大拓展自己的社交范围，尤其是校友会和同学会，能让我们与很多身处不同行业的朋友交流。正所谓"他山之石，可以攻玉"，哪怕是单纯地与不同行业的朋友闲聊，也有可能帮助我们打开思路，解决我们所处行业内的问题。

第二类，社会类团体。这类团体包括各个地区的同乡会、狮子会、扶轮社或门萨俱乐部等。这类团体的成员一般都是出于单纯的社交目的，或是想更好地充实自己的业余时间来参加团体活动的。每一个社会类团体都有各自的关注点，平时组织的活动类型会各不相同，因此每个团体的整体气质也不同。如果有兴趣的话，大家可以在建立一定的了解之后，再选择是否加入。

第三类，兴趣类团体。演讲俱乐部、读书聚会、跳伞俱乐部、长跑聚会、足球聚会、登山聚会、车友会、表友会等都可以算作此类团体。大家都是因为一个共同的爱好而聚在一起，互相切磋技艺，交流经验，并且会定期组织非常丰富的活动。在兴趣类团体中，成员从事的职业也会非常多样，从自己的兴趣爱好切入，不仅可以丰富自己的业余生活，更可以拓宽自己的固有思路。

第四类，关系类团体。关系类团体往往并不是我们所选择的，而是因为某种社会关系而相互连接在一起的团体。比如所在小区的居委会、自己儿子或女儿学校的家长会等。

第三步：加入团体

总的来说，不论是哪一类团体，大家在加入的时候一定不要"硬着头皮"上，一定要考虑到这个团体到底适不适合自己。如果你对这个团体根本不感兴趣，强行加入之后，相信用不了多久也会打退堂鼓的，这样我们不仅没有有效拓宽人脉，还白白浪费了时间。让我们通过案例来更细致地了解一下。

案例：失败的团体社交

小蓝是一家投资公司的投资顾问，平时的主要工作就是为客户提供理财建议。为此，他需要了解各种金融产品，还要了解各行各业龙头公司的发展情况和业绩表现，因此他非常想要与各行各业的"大佬"多建立人脉。

> 　　为了结识各个行业的"大佬"，他想到了去参加红酒聚会，虽然他对红酒不感兴趣，但也算是有些了解。结果却发现，到了红酒聚会上，"大佬"们一个个讲得头头是道，色彩如何如何，芳香如何如何，他在一旁只能装笑，根本搭不上话。
>
> 　　几场品酒会下来，光是门票钱他就花了上千块，但是唯一学到的东西就是，自己真的对红酒不感兴趣……

　　犯这类错误的人我在很多地方都看到过，包括在我自己身上也发生过很多次。处心积虑打进了一个组织，却发现到头来根本不适合自己，进去之后也是煎熬，就像案例中的小蓝一样。兴趣爱好是装不来的，自己心里煎熬不说，由于是"假兴趣"，明眼人一看就明白，反而会给别人留一个坏印象，得不偿失。

　　在找不到相应团体的时候，我们也可以选择建立一个团体或组织一个聚会。比如有很多学校的校友会并不是十分活跃，我们就可以叫上几个志同道合的校友，一起组织一个校友聚会，平时吃吃饭、玩玩剧本杀等。在拓宽人脉时，我们并不一定要加入一个多么高大上、多么了不起的组织，只要能定期相聚，并让我们觉得身心受益即可。

　　此外，加入很多大型团体时会有一些门槛，比如加入门萨俱乐部需要考试，狮子会需要介绍人等。大家在加入时需要提前调查做好准备。

第四步：在团体中成为"焦点人物"

成功加入一个或多个团体，已经算是成功拓展人脉了。因此，第四步，在团体中成为焦点人物是一道加分题，能够帮助我们在之前的基础上，更加高效地建立人脉，让人脉自己找上门来。

一个城市中，最拥堵的地方往往是连接河两岸的桥梁和隧道，因为想要往返两岸，桥梁和隧道是必经之路。同样的道理，在一个团体当中，如果我们想要成为焦点人物，把自己放在一个桥梁的位置上是最好的方法。我们可以通过下面这个案例来一起感受一下。

案例：做团体间的桥梁

阿胜从事商业保险销售工作，平时酷爱攀登雪山，每年的年假基本上都被他用来爬山了。因此他有很多机会认识来自天南海北，从事不同职业的"山友"。山友当中有很多都是经营自己公司的，因此经常有一些保险、投融资方面的问题咨询阿胜。

好在他从事商业保险多年，在业内有一批比较熟识且靠谱的朋友，有一些细分领域的问题他不懂，就会把山友介绍给自己对口的朋友。这样一来二去，有一些保险业的朋友通过阿胜的关系，发展了客户，夸赞阿胜人脉广。而在山友当中，大家都知道阿胜在商业保险领域工作，认识很多专业人士，大家有任何这方面的问题都来找他。阿胜作为一个连接商业保险与山友们之间的桥梁，在两边都建立了极好的口碑。

相信在这种情况下，阿胜不光会在山友当中成为受欢迎的"专业人士"，在自己从事的保险业内也会人脉越来越广，路越走越宽。这便是不同团体之间桥梁角色的力量。

虽然成为桥梁角色之后，万事会变得容易，但是想在两个团体之间建立桥梁却不是件容易的事，需要很多思考和技巧。

第一，我们加入的群体之间一定要有需求的契合点。就比如阿胜的例子中，山友和保险从业人员这两个群体，由于山友中有很多是企业家，而企业家往往都需要商业保险，身跨两个团体的阿胜便自然而然地成为桥梁角色。其实这个需求的契合点并不难找，因为一个团体如果超过 10 人，每个人在生活的不同阶段会有不同需求，也都需要认识不同类型的人。一旦我们的交际圈达到一定规模，可以连接别人的机会也会多很多。

第二，我们一定不能对自己的人脉资源"捂住不放"。有的人可能会担心一旦自己把 A 介绍给 B 之后，他们两个把我一脚踢开怎么办？如果 B 反过来夺走了我在之前团体里作为焦点人物的光环怎么办？这类担心也有它的道理，但是想要做桥梁角色，就必须起到连接的作用。其实在我们连接了双方的需求契合点之后，会发现自己和双方的联系都更紧密了。换句话说，我们向 A 和 B 同时证明了自己是一个对他们"有用"的人，因此关系比之前变得更好的概率很高。

　　第三，我们在建立不同团体之间连接的时候，一定要确定双方都是靠谱的人。作为介绍人，我们的个人信用也在无形之间加在了这座桥梁之上。有时可能并不是我们的直接责任，但是如果有人因为我们的介绍蒙受了损失，我们在这个团体里的个人信用也会大受影响。所以，我们介绍两个人认识之前，一定要先对双方有所了解，万万不可"来者不拒"。

　　至此，我们介绍了团体社交的操作步骤以及进行每一步时的注意事项。在下一个小节，我们将进一步探讨如何在一个相对庞大的团体里给人留下良好印象，进而打开局面。

建立社交人设

—

明星们为什么要立人设呢？就是为了在演艺圈众多明星中能够清晰地被观众记住。一旦竞争对手多了，兢兢业业好像也不如标新立异重要，似乎"黑红也是红"。

当然，我并不是叫大家追求在集体当中做一个"黑红"的人，只是想强调，在现在这个快速发展、信息迭代飞快的时代，酒香也怕巷子深，被掩光芒的金子可能真的没有人有耐心去挖掘寻找，哪怕我们品德再优秀，工作再认真，也要建立起自己的社交人设，适当地自我宣传，才能脱颖而出。

所谓的社交人设，是以能给人留下一个清晰且正面的初步印象为目的的，可以走的方向大约有以下几个。

第一，拥有小众的兴趣爱好，或是在一个大众的兴趣爱好中做到登峰造极的程度。和演艺明星一样，立人设的精髓在于寻求差异化。在这一大前提下，小众爱好可谓是效果卓群，非常容易给人留下深刻的印象，例如极限运动爱好者就会让人感觉勇于挑战，红酒品酒师、插花师等资格证能给人一种热爱生活的印象。另外，这类小众爱好本身由于相对稀缺，并不需要投入太多时间达到极高水平，就可以用于人设树立当中。当然，秉承我们一贯强调的原则，我们可以去接触、了解各种小众爱好，但是最后用于立人设的那一个一定要是我们真心喜爱的。

第二，职业技能。拥有一项非常拿得出手的职业技能非常有助于职场上司记住你。这项职业技能能够"高大上"最好，但是哪怕琐碎也无伤大雅，重在能展现自己的"有用之处"。不是每一个人都是CFA持证人，擅长财务分析，我们也可以擅长Excel录入数据，能够做到快速的同时，几乎100%正确。不是每一个人都能与客户迅速拉近关系，我们也可以手速快会速记，能够精确记录会议的内容。在入职初期，向上司证明自己"有用"是非常重要的差异化点。需要注意的是，树立职业技能人设时，做大于说，用实际行动证明实力才是最重要的。

第三，性格。每个人的性格都不同，所以我们只要找准一个独特的切入点去向第一次见到的人介绍我们自己便可。如果能够将性格特点与兴趣爱好讲得一脉相承，就会有更好的效果。比如下边这两个例子。

案例：将兴趣爱好与性格特点结合

"我热爱跳伞，至今为止已经完成了5跳。我非常热爱新鲜挑战，所以在工作中不管任何任务，我相信自己都能通过努力来完成，同时学到新知识，因此我都非常愿意承担。"

"我喜欢登山，目前攀登过的最高峰是海拔5396米的哈巴雪山。我是一个坚持不懈的人，所以哪怕在工作中遇到困难，我也愿意迎难而上。"

在树立社交人设时，我们一定要做到言行合一，不能只说不做，更不能言行相悖，这样只会让所谓的人设起到反作用，让周围人反感。对于已经树立起的社交人设，我们也要不断用实际行动来维护。如果我们说自己乐于助人，那就不能每次遇到事情都拼命往后躲。如果我们说自己做事靠谱，那就不能在工作时间找不到人。因此，与团体社交同理，我们千万不可以给自己立一个自己做不到的人设，这点需要格外注意。我们可以通过对比以下两个案例来更深入地了解一下如何做到言行合一。

案例：言行相悖

阿华是一家风险投资机构的投资人，喜欢对外宣称自己所在的机构资金实力雄厚，并且如同挥毫泼墨一般喜欢用大笔资金投资早期项目，并且在众多早期项目上取得了巨大成功。

有一次，阿华朋友圈中的一位创业者找到了他，希望阿华投资自己的公司。该公司也算是行业内早期企业中准明星级的一家公司，有良好的发展基础并且符合当下"碳中和"的大主题，未来发展前景很被看好。但是阿华还没有具体了解项目，就支支吾吾地推脱了起来，说项目过于早期，自己所在的机构一般只参与商业模式确定、资金流确凿的项目。由于阿华的行动和他平时宣称的人设大相径庭，这位创业者带着满脑子的问号离开了。

案例：言行合一

小天是一家战略咨询公司的咨询顾问。刚入职时的自我介绍当中，她就提到了自己的人生信条是"今日事今日毕"，并且如果不完成每天的工作任务，晚上就会失眠。

入职不久，她便以雷厉风行的做事风格在公司出名。每一次工作她几乎都能提早完成，有的时候甚至会催着上司快点审核她的工作结果，以便她展开下一步工作。在面对上司表扬的时候，她也会回答，自己是急性子，喜欢快节奏的工作，如果有哪些疏忽，自己愿意随时改进。

案例中的小天言行合一，成功在公司树立起了言行合一、今日事今日毕的人设，想必在今后作为咨询顾问的职业道路上一定会大放光彩。而案例中的阿华，既然已经立下了喜欢用大笔资金投资早期项目的人设，但在早期项目找上门来时，却没有展现出愿意深入了解的兴趣，反而支支吾吾地推脱，势必会造成别人觉得他"说一套，做一套"，不值得信任。

除了言行不一致之外，另一大误区就是只做不说。在这个"酒香也怕巷子深"的时代，只做不说的人很有可能被埋没。我个人认为，最理想的做法是做一说一，做二说二，既不夸张自己的功绩，也不妄自菲薄。但是，在说的时候，也要巧妙地说。我们可以在汇报工作时跟上司一对一地说明自己具体做了哪些工作，获得了什么效果，但是在团队集体聚餐的时候大肆宣扬就显得情商低了。又或者，我们的社交人设如果能从别人的口中讲出来，那效果就会比我们自己说要好很多。通过对比以下两个案例，我们能够得到更直观的认识。

案例：只做不说

大成是一个喜欢埋头苦干，又不喜欢张扬的人。这样的性格让他在同事当中赢得了不少的好感。然而，有一次，他和同事小道一起做一个项目。小道这个人爱抢功劳，同级的同事对他都没什么好感，只不过他擅长向上沟通，跟老板的关系都混得不错。在项目当中，小道虽说没有投机取巧，但是因为心思一直放在巴结老板上，总体来讲做的事情不到整个项目30%，大成默默无闻地扛起了工作任务，天天加班完成工作。

到了项目结束汇报工作的时候，小道第一个起身讲话，一一列举了他为项目做出的贡献，有的没的列举了一大堆，不知道的还以为他几乎做了全部工作，吹得神乎其神，其中也不乏有些内容抢了大成的功。然而，轮到大成汇报时，他本着"吃亏是福"的理念，想着忍一时风平浪静，不愿与小道起争执，所以并没有反驳小道，承认了小道对项目的"巨大贡献"，然后轻描淡写地简略介绍了自己在项目里做过的事情。

汇报结束之后，大家都为大成打抱不平，而大成却是心胸开阔，认为没什么大不了的。然而此后，同事们都知道了大成"好欺负"，在与大成一同工作的人当中，抢他功劳的人逐渐变多。而小道继续凭着"巧舌如簧"步步高升。

案例：巧妙地做一说一

小风是一个踏实肯干的人，同事们都觉得她能力出众，办事靠谱，喜欢和她一起工作。在工作中，小风总会和同事提前协商好每个人具体负责什么，然后原封不动地拿着这个商量好的分工，跟上司汇报工作。在上司看来，这样清晰的分工有助于在第一时间找到对的人解决问题。在同事看来，这个分工非常公平，因为又是提前一起决定好的，哪怕后期出了问题也不会有什么怨言。

因为这种公平靠谱的做事风格，小风也在公司积攒了不少好评。不仅如此，她在与其他同事交流的时候，还喜欢夸赞自己项目组里的同事靠谱。她对周围人的夸赞不久就传到了当事人的耳朵里，让当事人心怀感激，作为"回礼"也会在其他人面前称赞小风。于是公司内对于小风的评价越来越好，她的事业也节节高升。

　　案例中大成的遭遇让人扼腕叹息，在现代职场当中，不知道有多少个"大成"和"小道"。"吃亏是福"固然不错，但偶尔吃小亏还能想得开，吃大亏则难免让人"心塞"。

　　另外，更加致命的是，一旦我们"好说话"的社交人设在公司里传播开来，只会有越来越多的人敢于占便宜。我们不做欺压别人的"强盗"，但最好也不要做任人宰割的软柿子。所以，在完成团队任务时，我们要向案例中的小风学习，在项目初期就与团队协商好各自负责的内容。如果初期协商好的内容在项目进行时发现不是很合理，或者分配不均，我们也可以再次和团队成员及领导说明情况，重新划分。中心主旨就是，明确每个人的分工，干多少活，记多少功，将小人行径扼杀在摇篮里。如果实在不幸，仍然出现有人抢功的情况或是推卸工作的情况，在我们可以在承担最差后果的前提下，及时向上司还有团队里的其他成员说明情况。

　　在本小节里，我们介绍了树立社交人设的重要性、应该树立什么样的人设，以及在树立人设的过程中特别需要注意哪些问题。在接下来的两个小节，我们将一起学习如何拓展人际交往的广度和深度。

开拓社交广度

—

所谓"多一个朋友多一条路"，那么是不是朋友越多越好呢？又或者是"质量大于数量"，我们应该只交少数的朋友？其实，社交广度无论太广或是太窄都不好，都有各自的副作用。所以在本小节中，我们会一起来了解到底什么算是合适的社交广度，而在社交圈过于宽广或过于狭小时，应该怎么调整。让我们先通过下面这个案例，了解一下社交圈过大的弊害。

案例：朋友遍天下

小猛生活在二线城市，是一家化工设备厂的销售人员，虽然工作比较繁忙，但是他天生就爱结交各行各业的朋友，并且来者不拒，不论是工厂的蓝领工人，还是写字楼里的白领职员，他都非常愿意结交。并且，小猛对于朋友的事情非常上心，有的时候甚至超过了对自己事情的上心程度，因此小猛的朋友越来越多，他平时需要参加的各种聚会和"红白事"也越来越多。

刚开始他还觉得，如果自己人脉广，销售的路子就会宽，哪怕现在显现不出来，这也是对于未来的一种投资。但是好几年过去了，他没有一单生意是靠着朋友做成的，因为偌大的朋友圈里竟然没有一个人是自己办厂的。他逐渐感觉到，自己这几年交过的几百个朋友，让自己应接不暇不说，在自己真正需要帮助的时候，并没有几个人真心愿意伸手帮自己一把。这么多年，他只是混了一个脸熟、认识而已。想到这，小猛陷入了深深的自我怀疑……

这个案例告诉我们，社交圈太广也不一定是一个好事，这会牵扯我们太大的精力。由于我们大脑的局限性，人类真正能维持紧密人际关系的人数上限大约为150人，这就是邓巴数。这一概念由英国人类学家罗宾·邓巴提出，这个人数上限是由我们大脑中一个叫新皮质的部分决定的。由于新皮质的大小不同，人类的紧密人际关系人数上限为100 ~ 230人不等，但是在大多数情况下，150人是一个学界共同认可的普遍数值。

其实对于我们每一个人来说，了解我们自己的人际关系人数上限并不重要。重要的是，我们需要知道，自己的人脉圈并不需要也不能无限扩大，如果人际关系人数大于某个数值，我们就会感觉到维持这个社交圈有些力不从心，并且有些人际关系的发展走向也会完全脱离我们的掌控。

在我们逐渐扩张人脉时，不用拘泥于150这个数字，随着人际关系人数的增涨，在某一瞬间，我们的直觉就能感觉到力不从心。这个时候，我们就要坐下来好好想想，自己的人脉圈中是不是包含了很多冗杂无用的人际关系。而如果你的人际关系已经超过了邓巴数，并且你感觉到自己在拼尽全力来维持这么一个关系网，只要适当地对其中一部分人脉放手，不刻意维系，你的关系网就又会自然回归到你所能承受的范围。

这个时候，团体社交的另外一个优势就显现了出来。很多团体的人数都是远远超过150人的。哪怕我们维持人际关系的一度人脉只有150人，但凭借团体的优势，我们的二度人脉几乎可以覆盖到团体当中的所有人。这样，我们在需要特定人脉的时候，只要在二度人脉中搜寻便可。

案例：交际圈太小，寸步难行

阿求在一家科技企业做人力资源管理工作，主要负责招聘应届生。她所在的科技企业不大不小，对于应届生来讲，有那么一点"高不成低不就"，所以招聘工作做起来有很大难度，总是在完不成指标的边缘徘徊。

她平时的交际圈非常窄，毕业多年了，却几乎只和本科时期的校友一起出来玩耍，很少认识新的人。但是随着她的级别逐渐升高，工资越来越高，上面给她加派的指标也越来越艰巨。她想在高校开

> 展宣讲会吸引应届生申请，却发现她根本找不到各个高校对口的联
> 系人。她想找到各个学校最近毕业的校友，让他们帮忙推送信息，
> 却发现她的交际圈只有自己本科时的室友，其他学校的人都不认识
> 几个……

之所以把交际圈太小的案例放在本小节的后半段来讲，就是因为我们现代职场人的常见问题其实是社交广度不够大，需要拓宽人脉，更需要人脉分布在不同行业，涵盖不同职业。在不同的行业都拥有人脉，才能更好地和同行业的竞争者区分开来。

拓宽人脉广度的好方法之一就是利用团体社交。一般来讲，兴趣爱好小组或者是单纯的社交团体比较容易接触到各行各业的人，而且二度人脉会更加丰富。除此之外，我们可以通过"掌握关键人物法"来有效拓宽人脉。

为了介绍"掌握关键人物法"，我们先要了解一下"六度空间理论"。相信有一段时间，大家没少在微信朋友圈里看到这个理论。其核心概念就是，你和世界上任何一个陌生人之间所间隔的人数不会超过6个。

但是在实际操作中，单单知道我们的六度人脉能够囊括几乎所有地球人，还是远远不够的。《纽约客》专职作家马尔科姆·格拉德威尔在他的《引爆点》一书中，对于"六度空间理论"有进一步

的阐述。在更深入地分析两个毫不相关的陌生人是如何通过六度人脉相互连接时，我们可以发现，许多连接的中间阶段，都会通过为数不多的几个人，如示例所示。

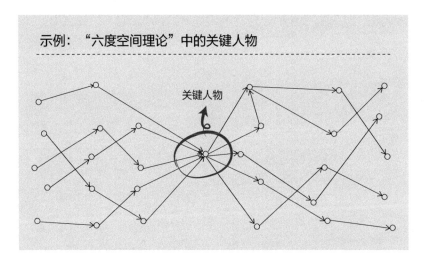

示例："六度空间理论"中的关键人物

关键人物

我们可以看到，示例中左半部分和右半部分的连接都通过了中间的一个节点，这个节点就是人际关系当中的关键人物。

按照《引爆点》一书中的介绍，在社会中，有那么一些人就是以结交人脉为人生乐趣的，他们认识一个人绝不为任何目的，仅仅只是一种个人兴趣。他们的人脉数量可能大大超越邓巴数，超越人类维持紧密人际关系的极限，他们可能会把每一个人脉的基本信息记载在Excel表格上，并且会设闹铃给每一个人送去生日祝福。书中的说法或许有一些夸张，但是不可否认的是，现实生活中，确实有一些社交能手。他们的人际关系不仅数量庞大，还涵盖着多个行业，甚至多个国家。这些人往往就成了"六度空间理论"中的关键人物，我们如果能找到这类关键人物，并且发展几个作为我们的有效人脉，就能高效地扩大自己的人脉网。

挖掘社交深度

——

没有深度的人脉网，看起来厉害，但实际却没什么用处。我们可以通过下面的案例来深入感受一下。

案例：向上社交，到头来却成无用人脉

阿堂是一个名校的大四学生，至今还在为求职而奔波。在大学里，阿堂算是一个非常活跃的学生，积极参加学生会活动，在课堂上积极发言。因为是名校，学校的各种活动非常丰富，并且隔三岔五就会有业界"大佬"来学校演讲。每次，他也都会积极参加，举手提问，并且在演讲过后冲上前去要到"大佬"的联系方式，希望借此来拓宽自己的人脉。

长此以往，他的微信里已经积累了不少名人，有企业家，有艺术家，也有已经在业界小有名气的学长学姐。然而，阿堂怕打扰这些"大佬"繁忙的工作从而招来反感，他和这些人的交流也几乎就止步在了加微信后的互相问好，之后就没有什么实质进展了。

在找工作需要"大佬"指导时，他幡然发觉，之前加过的"大佬"因为长时间没有联系过，现在在需要的时候联系确实不太好。好不容易硬着头皮联系了两个人，也是石沉大海……

生活中像案例阿堂的情况不在少数，明明在学校非常活跃，明明有一个好的开始，却没能一直延续下去，没有把要来联系方式的"大佬"转化为有效人脉。我们在人际交往中往往也有着同样的问题，通过某一个聚会接触到一些有能力给自己的事业带来极大帮助的人，却在后期"抹不开面子"去跟这些人更加深入交流。对于这个问题，我们可以把解决方案拆解为三步。

第一步：心理建设

首先，我们要确立一个认知，那就是所谓的"大佬"并不是我们不可匹敌的人。要认识到，我们与这些业界名人的差距并不是恒定的，而是会随着时间的变化而变化的。有一句老话叫"莫欺少年穷"，说的就是别看年轻人现在混得苦，但你永远想象不到年轻人能达到什么样的高度。同样地，我们也没办法知道自己今后到达的高度，因此没有必要觉得自己和"大佬"们有哪些本质上的不同。

同时，我们要了解这些"大佬"的心理。如果"大佬"愿意到校园来举办讲座，说明这个人至少是一个热心的人，愿意无偿付出自己的时间，希望将自己的知识传授给青年人。

如果不是在校园，而是一次聚会或者是社会环境下有幸见到一位"大佬"，道理其实相同。只不过少了"愿意无偿付出自己时间"这一前置筛选条件，"大佬"回应我们的概率会有所下降。但是从我个人的经验来看，成功率也至少有20%，最坏的结果就是被拒绝，何不尝试一下呢？并且，通常来讲，越接近退休的成功人士，倾诉欲就越强，越想给青年人传授他们的成功"秘诀"。

第二步：建立联系

在这种短时间的向上社交当中，为了建立有效人脉，给"大佬"留下印象是最重要的。为此，像案例中的阿堂一样，无论是在学校的讲座还是在社会中的见面，向"大佬"提问、要联系方式都是可以的。除此之外，我们还应该准备一套30秒自我介绍式的电梯演讲（Elevator Pitch）。

电梯演讲，近些年在网上已经有众多介绍，简短、清晰、突出重点是最重要的。

"您好，我叫XXX，是XX专业大X的学生。今天您讲的XXX内容对我非常有启发，希望能跟您继续请教。"

如此搭话，便可以称得上是简洁明了，并且还附带了"大佬"讲话的内容，表明了我们"认真听讲"的态度，这样可以称得上是合格了。但是切记，千万不要假装自己对某一块感兴趣，明眼人一眼就能看出你有没有抓住重点，并且在后续的聊天中也很容易暴露。

更好的方法是，找到与"大佬"的共同点，并且以共同点作为开场白。家乡、母校、家族历史、家庭成员、兴趣爱好、旅行经历等都能成为你们的共同点。

　　另外再告诉大家一个切入点。如果现场这位"大佬"的下属也在的话，其实与下属建立联系也是一个好方法，通常来讲，成功率会非常高。一是因为对于下属来讲，他们可能不好拒绝一个有可能与自己老板有关系的人。二是因为"大佬"们的下属可能与我们的年龄会更加接近，后续更容易发展为有效人脉。通过这位下属，我们也可以在未来一直将"大佬"保留在二度人脉当中。

第三步：维持联系

　　在与"大佬"成功建立连接，或者成功加上微信之后，如何一直维持关系便是重点内容了，这也就是大部分人都很难做到的。毕竟只会有我们有求于"大佬"，很少有我们能对"大佬"有帮助的情况。

　　如果"大佬"的年龄相对较大，并且已经步入了清闲的生活，倾诉欲望会很强，他生活的重心会逐渐倾向于把自己所获得的知识奉献给社会。这种情况其实非常容易，只要我们用实际学习、工作中遇到的难题请教便可一直维持不错的联系，甚至"大佬"还很有可能帮我们介绍相关的其他业内名人。长此以往，我们便可与"大佬"形成一种学生与人生导师的关系，而这种关系虽然低成本，但是十分紧密。我们只需要定期问候或拜访，并且把我们换工作、升职等信息及时反馈给"大佬"，更重要的是，强调自己是如何具体地运用了"大佬"所提的建议或所介绍的人脉的。

如果"大佬"尚在事业的上升期，时间比较紧张的话，我们可以通过两个方法来维持联系。

第一个方法是"转发文章法"。顾名思义，每当看到"大佬"所关心的行业有重大消息时，可以给他们转发一两篇相关的文章供参考。选取的文章不宜太过大众，最好选取一些分析入理，或者是角度刁钻的文章，否则身处行业的"大佬"肯定已经看到了，转发的内容对他们来说只不过是冗杂信息。并且从这篇文章开始，你们可以开启一个小型话题，用两三行文字简单发表你的意见，于是便可以同"大佬"们展开一轮对话，加深联系了。

第二个方法是"不定期拜访法"。如果我们出差时恰巧前往"大佬"所在的城市，便可以由此为由，请示能否当面拜访。如果有幸得到肯定的答复，每一次拜访都会是一次加深连接的绝好机会。并且在拜访前，我们一定要稍做功课，比如，了解"大佬"最近可能关心的行业，这些行业有什么最新消息，我们周遭发生了哪些"大佬"可能感兴趣却又可能不太会知道的事等，并且准备好几个我们真心想要请教的问题，以防见面时"强行尬聊"。

以上我们介绍了如何向上拓展社交深度，接下来我们来看如何拓展与同级别人脉的社交深度。

所谓同级别人脉，就是指与我们年龄相仿、级别相仿，或者社会经验差距不大的人际关系，可以是同事、小领导、朋友介绍的朋友、跟自己年级相差不大的校友等。

我认为与同级别人脉加深关系的核心就是一起度过高质量的时间。不要只是一味地单调约饭约咖啡干聊天，一起做一些有意思的事情会效果倍增。可以一起去做各种球类运动，短期旅行，玩狼人杀、剧本杀、密室逃脱、真人射击游戏、VR游戏、卡丁车，听音乐会，参观酒庄，扔斧子减压等。这样每次见面都能有不同的聊天话题，能共同创造开心的经历。因此，通过丰富的活动建立起来的人际关系，往往要大大强于单纯约饭的一面之缘。

为此，我们要提前做好调查，知道自己所在的城市附近都有哪些新奇的东西可以探索。寻找这些新鲜的玩法比我们想象的要容易许多，不论是小红书还是美团，我相信大家都会有很多意外收获，我们也可以轻易成为朋友们口中那个"有趣的人"。

与此同时，我们在与同级别人脉交流的时候，一定要降低对方的交流成本。比如下面这个例子就算是一个非常令人头疼的交流方式。

A：咱们找时间一起吃饭吧。

B：好呀。

A：那具体哪天呢？

B：我这周比较忙。

A：那下周怎么样？

B：下周三我可以。

A：周三晚上吗？我周三可能不太行，你周四晚上可以吗？

B：周四晚上也行。

A：你想吃什么呢？

B：我都可以。

A：地点在哪里方便呢？

B：我可能要加班，在我公司附近行吗？

A：好的，那我就周三晚上去你公司附近吧。你公司附近有一家日料，还有一家本帮菜看起来不错，你想吃哪个？

B：本帮菜吧。

A：好的，那我就预约了。约6点半可以吗？

B：行。

A：那下周三见！

在例子当中，A想要约B出来吃饭。整个交流的过程，经过了3个回合，双方才确定了相见的时间，又经过了几个回合，才确定见面地点，估计工作繁忙的B回信息都回烦了。这其实还是我在写这个例子的时候"手下留情"，现实世界中我经历过不少10个回合以上才确定时间地点的"大战"，每次我都忍不住想要迅速断绝与这个人的联系。

　　不要小看这些信息的来来往往，如果在这个过程中，B哪怕有一个回合信息忘记回，或者是懒得回，A想要拓展人脉的目的就极有可能落空。并且，在这来来回回的简单交谈之中，我们也可以看出来一个人的做事风格是优柔寡断，还是干净利落，甚至可以把它看成是一个人是否适合共事的初步面试。所以在我们想要约一个朋友的时候，一定要最大限度地减少信息的来回，并且让别人尽量少打字、少做事。下面这个例子，我们来重现一下高效的交流方式。为了方便与前面的例子区分，我会用C和D来代指交流双方。

　　C：咱们找时间一起吃饭吧。我下周四晚上、下周五晚上，或者下周六中午时间都可以。

　　D：好呀，我周四和周五晚上都行。

　　C：好的，那就周四吧。我平时下班早一点，我可以去你那边。你有平时常去的店吗？我看了一下，你公司附近有一个日料店，还有一个本帮菜不错。

　　D：那家本帮菜我就常去，挺好的。

　　C：好，那我就跟这家饭馆约下周四晚上6点半了。

　　D：好的，周四见。

　　在我们约对方出来的时候，一定要给出几个可能的时间，时间上的来回扯皮是非常伤脑筋的。如上例所示，C在一开始就给出了3个时间供D来选择，这样仅仅通过1个回合的信息交换就能把时间定下。第2回合，C同样地也给出了D多个吃饭场所的选项，于是又在一个回合之内迅速决定了见面地点。第3回合，确认关键信息，结束。整个流程就比之前A和B的交流要高效很多，这样约人的成功率也会高出很多，也就自然能够有更多机会与他人建立更深的关系。

　　本小节中，我们介绍了如何向上挖掘"大佬"级别人脉的深度，以及如何横向拓展同级别人脉的深度。接下来，我们将具体按照不同的社交场景，更加详细地介绍相关技巧和注意事项。

不同社交场景下的高效

—

本节中，我会分别针对各类社交场景，按照"前（before）、中（during）、后（after）"的时间框架为大家讲解多年来的经验之谈。

（1）亲友社交

亲友社交可能是许多人的一大难题，尤其是每年春节期间难免亲友聚会，每一次对于我们来说都是"如临大敌"。那怎么才能做到"苦中作乐"，甚至"应对自如"呢？

1）前（before）

我们一定要摆正心态，亲友社交的目的并不是与亲戚们一争高下，并且千万不要"妄想"改变别人的想法，所以我们完全没必要跟别人或者跟自己较劲。往"大局观"方向考虑，亲友聚会是为了传承中华文化，加深大家族感情，完全不用较劲。

此外，大家主要头疼亲友聚会的原因就是，我们可能会处于被"围攻"的状态，而被"围攻"的点无外乎就是工作收入和婚育情况等。我们对此也要做好充分的思想准备，提前想好相应的对策。

并且，我们在这些点上应该尽量事先与父母形成统一战线，至少是临时战线。比如我们可以用一些礼物"贿赂"父母，至少在眼前的这次亲戚聚会上不要加入"围攻"。如果被我们不怎么关心的人"围攻"还好，如果我们关心的人也一起加入"攻击阵营"中来，未免会有些难以招架。

2）中（during）

在亲友聚会中，不被围攻和被围攻有两套"打法"，我们来分别看一下。

不被围攻时，我们的主要目的是安全过关，次要目的是让在场的大家都开心。所以只要牢记"夸奖法"即可。不要怕夸人，也不要怕夸得肉麻。所有人都是喜欢被夸的，花式夸夸不仅能够帮我们安全度过这段时间，还能有效地将话题保持在我们自身之外。并且，被我们夸赞的亲友一般来讲是不会好意思反过来"围攻"我们的，所以也算是变相为我们争取到了一个潜在"盟友"，或者至少是潜在"中立方"。

与此同时，我们一定要按捺住任何想要反驳或是想要炫耀的想法。一旦开始反驳或开始炫耀，轻则令其他人心存芥蒂，重则会将自己置于"聚光灯"之下，易于被攻击，进而可能导致整场聚会不欢而散。

其实，静静地聆听亲友对话也不妨是一件愉快的事。不论亲友的职业是什么、有着什么样的背景，很大概率他们都是和我们在完全不同的领域。平常我们周围的人都比较同质化，聆听亲友对话可以是我们了解不同领域、不同年龄段大众和社会层级的一个窗口，这对形成一个完整的世界观也是很有帮助的。

在被围攻时，我们就需要一些技巧来解围了，让我们一个一个来看。

"装傻充愣法"。对于亲友的提问，我们可以从侧面回答。一旦亲戚发现他们从我们的口中问不出什么，可能自然而然就转换话题了。

"调转枪口法"。把枪口调转成攻击别人绝不是上策，因为这笔账迟早还是要算到我们头上。我们可以给枪口"抹上糖"，把话题扭转到别人的高兴事上，然后夸奖称赞即可。如果七大姑问我们为什么还不结婚，我们就可以突然间提起席间八大姨刚抱的孙子多么聪明、多么可爱。如果二叔问我们为什么还不买房，我们可以调头夸三伯的儿子新买的车多么好。如此一来，被夸的人就会倾向于继续这个话题以展现优越，我们的被围攻就可以暂时化解了。

逃离现场法。我们可以假装闹肚子，趁机溜出亲戚们的视野范围，然后独自消磨时间。这一招儿百试不爽，毕竟谁能在饭桌上抓住一个想去厕所的人不放呢？

独自排解法。如果我们试遍了以上的方法还是不奏效，那可能就只能独自排解了。亲戚每说一句话，我们可以在心里尽情"开小差"，或者用尽一切办法做到"左耳朵进，右耳朵出"。其精髓还是要磨炼"脸皮的厚度"。

3）后（after）

如果我们在"前"和"中"阶段已经做到了优秀水平，那后续其实没有什么需要处理的了，稍微散散步消消食就好了。如果还是受到了一些"心灵的伤害"，我们可以去做运动、兜兜风，或者向朋友吐槽一下，整理一下思绪，不要积郁于心。

（2）一对一饭约

1）前（before）

一对一饭约的对方一般都是我们比较重视的人，这个场景的一个大忌就是迟到。尤其是有些人在赴约时总会习惯性迟到10分钟左右。失误虽小，但是可能会给人留下一个小小的消极印象，总归是不好的。因此，我们一定要提前定位好见面地点，然后用地图App预估好出发时间。建议比预估的时间再多计算10%左右，以保证突发情况下也不迟到。

另外，一对一饭约没有办法"摸鱼"，所以我们可以提前想好和对方可以说些什么话题，以防冷场。如果见面地点的餐厅不是熟悉的地方，我们可以提前调查一下该餐厅的招牌菜是什么、特色是什么，从而点菜时不至于暴露自己是一个"纯外行"。并且，我们还应当了解一下见面地点是否吵闹，如果是的话饭店能否提供一个相对安静的空间，以方便两个人交谈。这些操作可能听起来麻烦，但实际上并不烦琐，加在一起差不多只需要15分钟，却能够保证一次愉快的会面，利大于弊。

2）中（during）

同样地，因为在一对一饭约之中只有你和对方，你的表现会直接决定对方的感受。因此对话时不要玩手机，保持适当的眼神交流，对于对方的话题给予适当的反馈。

大多数人都喜欢谈论自己的事情。因此，给对方留下一个好印象的有效方法就是不断询问他们的人生经历和兴趣爱好，并且加以点头等适当的正向反馈，并且适时提一些问题引导对方更深入地谈。这样一来，我们不仅能给对方留下一个不错的印象，还能接受很多新鲜的输入，可谓一举两得。

3）后（after）

如果我们在过程中提到了任何需要后续跟进的事项，比如我们答应给对方介绍一个人、发一个刚才对话中提到的新闻文章，又或者是提到了一个好吃的饭店、好玩的地方，我们都应该在饭约结束之后的当天发给对方。我可以负责任地告诉大家，在饭约中很多答应了后续跟进某个事项的人之后都没有跟进。事情虽小，如果能及时完成这类小承诺，会是一个很好的加分项，让人觉得你在非常用心地跟别人相处，是个靠谱的人。

之后，如果我们觉得同对方聊得来，可以通过前一小节介绍过的"转发文章法"来时不时发起一次与对方的简单交流，然后隔一段时间再约对方出来做一些有趣的事情，比如室外运动或室外游戏等，进一步加深同对方的关系。

（3）多人饭约

1）前（before）

多人约饭时，不迟到和大致了解赴约饭馆的菜品也同样重要。此外，在我们有控制权的时候，最好可以将饭约人数控制在10人以下。一旦饭约超过10个人，场面就会显得混乱，大家"你一言我一语"地聊天，很少会在一个频道上，很可能一顿饭吃完，有几个人还没讲过一句话。并且，除了超高端的饭店之外，人数超过10人时，桌子大、菜品多，上菜、夹菜的流程也会非常烦琐，这就徒添了许多复杂因素。

与此同时，如果有第一次认识的人参加这次饭约，我们应该提前记好他们的名字，以防现场出现尴尬情况。

2）中（during）

除了在一对一饭约中提到的基本方法之外，多人饭约还存在着一个说话量的问题。多个人在同一个频道交流时，难免会有的人讲话多、有的人讲话少。为了让每一个人在饭约当中都能感到舒服，我们应该适当引导话题，不让任何人参与不到对话当中。

例如，你和4个大学同学参加饭约，其中两个同学各自带了自己的一个朋友赴约。由于你和4个同学已经非常熟识，话题难免会跑向你们大学时的经历，或者是5个人共同认识的其他朋友，这时那两个被带去参加饭约的人根本插不上话，非常尴尬。你不妨就在谈论这些话题的时候为其他两个人稍微解释一下背景情况，至少让他们能有所了解。如果你觉得大学同学之间已经聊天太久了，也不妨开启一些能让其他两个人参与进来的话题。

另外，比起说话量失调，更可怕的就是一个人独霸话题，滔滔不绝地谈论自己的经历。首先我们自己一定不要成为这个人，其次当我们在多人饭约中遇到这类人的时候，不妨善意地提醒一下。

3）后（after）

同样地，我们应该注意如果饭约时提到了任何需要我们后续跟进的事项，一定要及时跟进。此外，在饭约时如果有第一次见到但是非常合得来的人，不妨单独联系，开启一次一对一饭约。

（4）运动

1）前（before）

近些年，随着我们的生活水平越来越高，一些之前比较小众的运动也渐渐进入大众视野，比如滑雪、网球、橄榄球、骑行等。没有人一开始就了解这些运动，所以在第一次参加之前，我们最好先了解这项运动的基本规则、着装要求以及注意事项，以免现场还得麻烦朋友从最基础的东西开始教给我们。我个人其实不建议大家零基础时就开始约朋友，如果水平相差太大双方都会难受。如果朋友也是零基础，那报个班一起学习是一个不错的选择。另外，在约运动局的时候，我们也要注意控制人数，如果5个人约了一局网球，那现场势必就会有一个人观战，也会非常尴尬。

2）中（during）

有些运动会有一定对抗性。我们要记住，进行这些运动的目的并不是为了赢，而是为了强身健体、增进感情、丰富生活，对于输赢不要较真。单人或双人运动中，如果我们的水平比朋友高出一些，也尽量不要一直赢。团体运动中，我们也不要总是自己一个人出风头，在这种细微的地方也能看出一个人的为人处世，不可以忘记与他人协作。

3）后（after）

运动过后，我们不妨与朋友们一起聚个餐，再次巩固一下紧密关系。不要执着于输赢结果，毕竟过程才是重要的。另外，运动虽然可以提高我们的体力精力上限，但也不宜过于频繁地运动，两次剧烈运动之间最少要间隔1~2天，让身体得到充分的休息，并且注意补充营养，多吃高蛋白的食物。

（5）室内桌游

1）前（before）

桌游种类千千万，不过最火的应该还是狼人杀和各种剧本杀。与运动同样的道理，在参加之前，我们最好先了解一下游戏的基本规则。虽然每一个剧本都会有自己的剧情，但是规则是不会差太多的。与运动不同的是，桌游会涉及很多交流，就像多人饭约一样。所以对于姓名记忆力比较弱的同学来说，一定要提前记好每个人的姓名，从而在游戏沟通时不至于叫不出名字而尴尬。

2）中（during）

桌游的一大特点就是会涉及很多"欺骗"和"背叛"，游戏人物之间都有比较复杂的关系，玩桌游的一个大忌就是在游戏中"人戏太深"，导致在游戏结束后复盘的时候指责别人如何如何，这是非常不可取的。游戏本就是玩乐，并且与朋友加深感情，为了游戏而伤到感情那就真的是得不偿失了，非常不成熟。在游戏前，我们就要做好被"拿捏"的思想准备，毕竟游戏的本质就是这样。

另一方面，还有一个大忌就是在游戏中只为了赢而赢，从而不择手段，比如发誓、情绪激动等。这种做法同样不成熟，大大影响别人的游戏体验，同时也会影响我们自身的印象，大家一定要避免。

3）后（after）

游戏中不论是我们欺骗了别人还是被别人欺骗，这种情绪都不应该代入到游戏结束后的现实中。为了游戏，友善地欺骗了不是很熟的人时，不管对方介意还是不介意，道个歉总是保险的。而被人欺骗时也不要着急，或者对别人产生偏见，毕竟游戏只是游戏。

在这个小节中，我们介绍了常见的5种社交场景以及在对应的场景中如何做到高效、有哪些大忌一定要避免。而在现实中，哪怕我们在每一个场景中都做到了相对完美，仍然还是有一些无法发展成有效人脉的对象。在接下来的小节里，我们将会集中介绍什么是无效社交。

认清无效人脉

—

本章的前面几个小节，我们介绍了很多关于拓展人脉的技巧及其必要性，但是我们在社交时也需要有针对性，不能漫无目的，否则容易陷入无效社交的陷阱。在本节中，我们一起认识一下几类典型的无效社交。

（1）难以接近型

我们无法控制他人的想法，能控制的只有自己。有些时候，不论我们展开怎么样的"攻势"、发挥什么样的社交技巧，又或是付出多少真心，有一些人就是难以发展为有效人脉。我们可以通过案例更深入地体会。

案例：被讨厌的努力

小石本科毕业后就职于一家创业企业的商业拓展部门，主要负责为公司开拓媒体关系。

小石一直想要拓展一位主流媒体的新闻老师，然而却并不顺利。

她通过熟人介绍联系到了这位老师，但是第一次见面后小石就感到对方的态度冷冰冰。再之后，小石逢年过节就会给这位老师发信息问候，偶尔还会带着小礼品去专程拜访，但是都"吃了闭门羹"。小石非常郁闷，不知道是自己哪里做得不好，绞尽脑汁也想不到为什么这位老师那么不愿意和自己打交道。

案例中的小石一头雾水，我当然也不能凭借简单的信息准确指出这位新闻老师"刀枪不入"的原因。但也许我们能从"三思能力"的角度简单分析。

"三思能力"是沃顿商学院知名教授亚当·格兰特在他2021年新书《重新思考：知所未知的力量》中提出的，是指一个人改变自己想法的能力。我们的每一个想法可能并不一定是经过深思熟虑才得到的，我们很容易在想法之上附加自己的"自尊感"，此时反驳该想法就变相等同于反驳我们自身。这也就是为什么许多人一旦锚定了一个想法之后就很难被改变。并且据研究，由于智商越高的人思考速度越快，得出想法的速度也就越快，于是就越容易陷入想法锚定的陷阱之中。

案例中，这位媒体老师很可能在详细了解小石和小石的公司之前就从一些很难说清楚的细枝末节中得出了自己的想法。人是凭直觉判断的动物，并且如果没有经历过思维锻炼，我们的大脑更倾向于把最初那个靠直觉得出来的、有时可能并不准确的判断一直坚持下去。

许多书中确实讲述了不少说服别人的技巧，比如先同意对方的观点，然后再把自己的观点作为补充意见掺杂进去。但是经过实战检验，我发现有的人确实难以发展成有效的社交人脉，我们也很难在这方面高效地取得有效进展。如果我们经过三五次尝试，对方对我们的态度仍然没有任何变化，我们可以选择及时止损，不再浪费过多的时间和精力，转而发展其他人脉。

（2）能量相噬型

每个人都有自己的性格特点和做事风格。"三人行必有我师"，实际生活中，我们和一部分人相处时确实能切实感受到自身"正能量"的增长，但是和另外一部分人待在一起时，却只会越来越觉得心累。我认为，这就是两个人的风格气场不符，导致"能量"不能互补，反而相噬。同样地，我们可以通过下面的案例仔细了解。

案例：当逻辑控遇上发散性思维

小方有一个朋友叫小圆，是他的本科同学。小圆是一个不折不扣的具有发散性思维的人，脑袋里的新点子永不枯竭。小圆非常喜欢和小方做朋友，因为小方每次都能给小圆的点子提供一套合理的实现方案。然而因为小圆闲不住，每次见小方时，提出的都是新点子，老点子早就被小圆抛之脑后。而这一点恰恰令小方非常郁闷，感觉每次见小圆都是在浪费时间。自己每次见面时尽心尽力为小圆提供的打法策略，每一次都付诸东流，这难免让小方感到心累。

案例中，小方和小圆都是优秀的人，两个人没有对与错之分，但两人的性格差异导致了小方的"被折磨感"。现实生活中，不只是逻辑控与发散性思维的组合可能产生这种情况，乐观和悲观、话多与话少等差异都有可能让其中一方或双方产生自己的能量在被"吞噬"的感觉。案例中，小方和小圆的问题主要出现在讨论新点子上，场景比较局限，只要小方鼓起勇气告诉小圆，那么在可控范围内转变话题，这种问题其实就可以解决。但不可否认的是，有些能量相噬是无时无刻不在的，也是难以消除的，有些人总会让我们感觉到每次与他们交流都是折磨。对于此种类型，我们没有办法改变他们，适当远离或许是比较好的方式。

（3）同甘不共苦型

有些朋友可以共患难，有些朋友可以同欢喜。生活中有些朋友只能共同玩乐，却很难一起成事。比如下面案例中的情况。

案例：只能同甘的朋友

　　于老师是一位外企的法律顾问，主要负责审查公司的法律文件。他性格豪爽，喜欢聚餐交朋友，身边聚集了一群同样的朋友，这些朋友也大多来自同一行业。于老师为了能够在事业上更进一步，自己创建了一个为企业跨国经营提供法律咨询服务的公司，而初期的顾问团队就是于老师从自己认识的众多聚餐朋友中邀请来兼职的，但不久之后于老师就后悔不已。

　　原来，曾经看似亲密的朋友们，虽然聚餐玩乐时氛围和谐、相处融洽，但真正到了工作场景中，却让于老师很是头疼。有的人不满意公司的报酬，有的人想要进入公司的管理层，一直对于老师旁敲侧击……

　　类似于案例中于老师的情况，可能也是很多人遇到过的，很多同甘的朋友并不适合一起共事，更谈不上能共苦。在私下的聚会上可能看上去一片和谐，是因为相互之间没有任何利益的纠葛。想要同一个人共事，或者是超越普通朋友的深度交往，一定要更立体地看这个人，不能仅凭表面上的"聊得来"决定。

（4）夸夸其谈型

　　生活工作中，我们经常会遇到这样一类人，他们在话语表达方面会让人觉得非常厉害，吸引着我们不由地想与其交往，但一旦到了实操环节，却会发现他们的行动很大程度上与其语言描述大相径庭，总结而言即是夸夸其谈、只说不做的不靠谱类型。让我们来通过下面的案例更细致地了解一下。

案例：只会夸夸其谈的小腾

　　小腾是一家科技企业的员工，但是心中一直有一个创业梦。一次偶然的机会，他通过朋友认识了阿龙。朋友描述阿龙是一个人脉了得的人物，几乎在各行各业都有丰富的人脉资源。瞬间，小腾仿佛找到了开启自己创业梦想的钥匙。

　　在小腾的不懈努力下，阿龙同意做小腾的联合创始人，并且他让小腾放心，自己会动用人脉打通各种事业上的关系，小腾只要负责产品就好。小腾兴奋地辞了职，并且开始钻研产品，而与此同时，阿龙似乎迟迟没有动静。每当小腾问起阿龙什么时候才能见投资人、什么时候才能见渠道方的时候，阿龙总是找理由搪塞。久而久之，小腾产生了不祥的预感，嘴上说得非常好的阿龙实际上可能并不靠谱，但是木已成舟，工作已经辞了，他眼下也就只能先和阿龙再走一段看看……

相信大家可能都遇到过这类人，我倒不认为他们怀揣恶意或者想要骗人，有时候他们可能只是按捺不住炫耀的冲动，哪怕虚假也要炫耀。虽然夸夸其谈、炫耀说到底无伤大雅，但是我们内心一定要有所鉴别，一味信以为真的话，就很可能像案例中的小腾一样，遭受到实际的损害。另外，因为夸夸其谈的人在关键时刻却难给出实际的帮助，与他们交际往往也会白白浪费时间和精力。

那么我们应该如何鉴别一个人是不是只会夸夸其谈呢？其实很简单——"不看广告看疗效，不看说到看做到"。如果一个人不止一次地实现曾经许下的承诺，那便不能算夸夸其谈型的。毕竟世界充满变化与挑战，人的能力也有限，很难控制所有事物，大多数人很难100%说到做到，如果能达到50%我认为已经能算是平均水平了，能够做到60%以上就能算是靠谱的人了。而夸夸其谈之人的特点是没有做到却假装做到，甚至会大肆宣扬，凭借想象力说话。因此，做到与没做到的判断不能听别人说，而是要看到实际的行动和最终的结果，才能有效判断。

（5）一起退步型

朋友之间固然有情分，但是平生相伴的朋友往往应该是互相帮助、共同进步的，而不应该是互相拖拽、共同退步的。类似下面这个案例的情况，大家可能或多或少也经历过。

案例：使人退步的朋友

小铁和小刚是大学时的室友，毕业后两个人到了不同的城市。小铁不喜欢大城市的快节奏生活，选择回到老家的一个小公司工作。

小刚则留在了上海，成了千千万万"沪漂"中的一员。毕业之后，他们的联络也逐渐少了。不过，一款竞技对抗类的手游又把他们两个人重新聚在了一起。

二人无意间了解到双方在这款手游中都处在相同段位，于是几乎每天都相约线上见面。之前单独玩的时候还好，两个人都知道有所节制。但是二人聚在一起之后可以说是"1+1>2"，互相"勉励"，为了提升段位废寝忘食，经常能够熬到半夜一两点还要接着打下一局。不久之后，小铁因为睡过头，经常上班迟到。而小刚也因为熬夜疲倦，白天上班时经常因为打瞌睡而被老板批评。

老同学之间，利用线上游戏重温友情本来是一件好事，但双双"上瘾"导致影响正常生活和工作就得不偿失了。这种独自一人可以克制，而同别人一起就越来越没有节制的现象，可以称为"同伴压力现象"。

人都是社会性动物，在社交关系中保持良好形象对于我们来说格外重要，因此在上述案例当中，小铁和小刚只要有一个人主张继续"夜战"，另外一个人可能就会因为担心被讨厌，进而不好拒绝。并且，"羊群心理"也会让我们觉得不只是我们一个人在超时玩游戏，有人陪我一起"犯错"，就会感到"心安"，进而继续犯错。

此案例中，小刚和小铁所犯的还只是小的错误，现实生活中所谓的"朋友"有时还可能诱使我们犯下更大的错误。朋友之间的情分固然重要，但是如果两个人之间的相处使得双方都在不断退步，进而形成恶性循环的话，两个人的情谊想必也很难长期稳固。因此，在与朋友交往的过程中，我们自己首先要成为促使他人进步的"正能量"，并且提高警惕，注意避免受到周围那些诱使我们退步的"朋友"的影响。

本小节中，我们介绍了5种典型的无效人脉，我给出的建议其实总结起来非常简单，就是尽量远离，不奢望我们可以改变别人。这并不意味着"自扫门前雪"、只顾自己不关心他人，只是想表达当我们有了基本判断后就要快速行动，当机立断，不要被无效的人脉拉扯导致了低效，甚至是共同落入泥潭。

在学习了如何"断"之后，对于良师益友、对于优质的人脉我们也要分外珍惜，下一小节就会着重讲解这个主题。

觉察优质人脉

—

有这样一句话一度在网络上十分流行："你的水平，是你最常接触的5个人水平的平均值。"虽然5个人，这个人数我认为确实是有些太少了，不过这句话本身不无道理，大多数人还是难逃"圈子"对自己的影响。

近朱者赤，近墨者黑。周围人对我们的影响力之大不可否认。选择周围的朋友，其实就是间接地选择我们自己要成为什么样的人。接下来，我们将一起探讨怎样的朋友是良师益友，以更好地帮助我们实现自我成长。

（1）终身学习型

如果有人问人生中有哪项能力最能决定未来的高度，我一定会回答是持续学习的能力。有太多人的学习生涯就止步在了大学毕业，有的人甚至是高中毕业。但在大学毕业之后的人生中，如果一部分人持续学习，而一部分人终止学习，二者的差距之大会超出我们的想象。如果我们的身边能有一些始终践行终身学习的朋友，那我们至少也能持续收到学习进步的感召。那么懂得终身学习的人有什么特点呢？

　　终身学习型的人一般会非常谦逊，而有时候看起来自信心爆棚的人，其知识和经验水平可能非常一般。这在心理学上被称为"邓宁－克鲁格效应"，也叫"达克效应"。如下面的示例所示，人的知识与经验水平在积累的初期容易令人自信心爆棚，从而快速达到一个峰值，这个山峰通常被称为"愚昧山峰"。但经过了这个峰值之后，人们会意识到自己不懂的事物原来还有很多，因此进入一个随着知识水平提高自信心却逐渐下降的区间。由此，我们终于开始意识到世界有多么宽广，而我们自身有多么渺小。

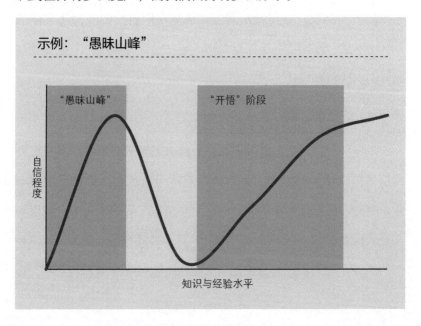

示例："愚昧山峰"

"愚昧山峰"　　　　　"开悟"阶段

自信程度

知识与经验水平

在经历了最低谷之后，如果我们还没有放弃，便能迎来"开悟"的阶段。在此阶段，我们会逐渐开始与自己和解，并且能够客观评价自己的知识水平，进而又会迎来一个自信心攀升的阶段。而这一次的自信，并不是盲目的自信，而是确切的自我认同。这样的自信心上升，会推动我们登上知识的最高峰。

现实世界中，绝大多数人都在攀爬"愚昧山峰"的路上，到大学为止的教育远不能将我们送过"愚昧山峰"。唯有终身学习者才有能力和韧性越过这道山峰，因此终身学习者们都是谦逊的。哪怕是越过了绝望的低谷、经过了"开悟"阶段、最终到达最高峰的人，正因为他们经历过自信心的起伏和认知的超越，心中对世界是敬畏的。哪怕拥有确切的自我认同，他们也不会表现得自信心爆棚，反而会是谦逊、温和、坚定的。

因此，通过对话，我们其实就能大致做出判断。如果一个人外表谦逊温和，却总能让人感到一种由内而发的坚韧，那必定就是我们要寻觅的良师益友。

（2）雪中送炭型

愿意锦上添花的人很多，但愿意雪中送炭的更可贵。能够做到雪中送炭，听上去就感觉很温暖，能雪中送炭的人一定都是善良的人，但是这里面除了善良之外，还有更深一层的逻辑。

首先，雪中送炭是一个人"大局观"的体现。大部分人喜欢跟风，走他人常走的路，而深挖一层逻辑的话，雪中送炭则更是一种逆流而上，说明这个人更懂得看事物的本质。因此，我认为愿意雪中送炭的人都是具有智慧的人。哪怕他们并不是给我们"送炭"，与这种有"大局观"的人为伍，我们自身也能得到提升。

其次，雪中送炭的人都是长期主义者。要知道，大部分人的事业和人生都是会有起伏的，有高光时刻，也有至暗时刻。在高光时刻，身旁会有很多赶来祝贺的人，高光时刻的祝贺并没有什么稀奇，大多数人也都是抱着"沾光"的心理前来祝贺。然而，在至暗时刻，那些曾经想要"沾光"的人纷纷离开，在当事人只能感叹世间无常、人情冷暖的时候，雪中送炭的身影足以让人牢记一辈子。大部分人的事业和人生都会有起伏，雪中送炭的人看好的是这个人长远的未来。当下一波浪潮到来，曾经经历过至暗时刻的人就可能迎来第二次高光时刻，这个时候他们一定还会记得那个曾经为自己雪中送炭的人。

因此，雪中送炭的人不仅善良，必定也是有"大局观"的长期主义者。

（3）乐于助人型

乐于助人型与雪中送炭型微有不同，雪中送炭是关键时刻给予帮助，而乐于助人是平时习惯性地助人。并且，这里的"助人"更多地指的是把自己的资源和人脉提供给其他人。同雪中送炭一样，乐于助人的人心地善良，身边有这种朋友的存在，也能够时刻提醒我们做一个善良的人。在帮助别人的过程中，乐于助人型的人还会收到一片好评，从而让他们获得良好的口碑，路越走越宽。

有时候，我们身边也会有一些有资源但不愿意分享的人。在之前的内容中也提到过，我们有时候可能也会有这样的顾虑，害怕把能介绍的人都介绍过之后我们自己就失去了"价值"，但事实证明这完全是没必要的担心。在团体社交中，我们周围所拥有的资源非常多样，但我们自己能够充分利用起来的其实并不多，那些没有利用起来的反而会变成闲置资源。闲置资源维护起来也是需要时间成本的，久而久之，这些资源很容易从手边溜走，其实还不如把这些资源提供给其他朋友，反而能够充分利用并有效巩固这些资源。

因此，在社交过程中，我们也要注意甄别哪些人是乐于助人的、哪些人是自私自利的。我们相信乐于助人的人，成长之路也一定会越走越宽。

（4）特殊能力型

这里的特殊能力当然不是指像"蜘蛛侠"那样的超能力，而是指某种专业的技能，比如精通德语、法语、日语这类小语种，或是从事医生、律师这类职业，又或是美食达人、写作能手这类"隐藏职业"。由于特殊能力者在某一领域内非常专业，身边有这样一位朋友，也能使我们的眼界得到很大提升。例如，人有生老病死，人生有悲欢离合、跌宕起伏，医生和律师看到了太多人生大事，通过与这类职业的朋友交谈，我们不仅能够获取知识，更能获得坦然面对人生、面对生活的智慧。

此外，我还想为大家介绍我自己思考框架中的一类人脉：聚集性职业者。所谓聚集性职业，就是指类似"聚宝盆"一样，能主动吸引各行各业人脉的职业。最典型的便是歌手、演员、运动员、演奏家、作家、经纪人等文体界人士，此外还会有知名餐馆老板、品酒师、博物馆工作人员等。通过这类朋友，我们能够接触到很多不同领域的事情，也是不可多得的学习机会。

（5）敢讲真话型

这一类人脉是敢于对我们的为人处世给出客观反馈的人。近些年，很多国际公司非常重视反馈文化。所谓反馈文化，就是指在日常工作中同事之间及时沟通并能互相对工作成果给予客观评价，这样所有员工都能随时根据别人的评价及时做出改进。桥水基金的创始人瑞·达利欧，曾在其著作《原则》一书中反复强调"极度透明（radically transparent）"这一概念，他要求员工务必给出自己的真实反馈，并且也要欣然接受他人的反馈，这就出现了他书中提到的情形——作为创始人的他，甚至会被公司实习生发邮件批评。但也正是因为这种看似"不近人情"的反馈文化，让桥水基金在众多宏观对冲基金中成为那棵最茂盛的常青树。

　　我在麦肯锡学到的最实用的技能之一便是乐于接受反馈，不论是正面的还是负面的。反馈者给予我们反馈的初衷都是希望我们做得更好，因此所有的反馈其实都是一件礼物，尤其是让人听上去不那么舒服的负面反馈。作为一个反馈者，给予负面反馈是需要承担一定风险的，很可能会令反馈的接收者讨厌，但是出于想要帮助接收者实现成长的善意，仍然提出了反馈。这类反馈便是"治病的良药"，我们应当视之为至宝。我们的周围一定需要几个能及时给予我们反馈的人，我们才能够不断实现成长。

　　当然，也会有一些反馈者给予我们反馈的初衷并不是真诚地帮助我们进步。在拿不准的时候，我们可以用"诚意讨论法"来判断对方的用意。诚意讨论法的核心就是"诚意"和"讨论"这两个关键词。诚意讨论法是指我们在收到对方的负面反馈之后，一定不能以一种立刻想要反驳的态度面对，即使立刻反驳对方往往是我们心里最直接的冲动，但我们需要意识到这可能是一次能帮助我们变好、助力我们更好地走向成功的机会，拿出诚意向反馈者请教反馈的原因以及我们应该如何改进，这也是关键词"讨论"的精髓。如果对方的态度并不是善意地帮助我们提高，那在讲述反馈细节的讨论环节就会露出马脚，可能很难说清楚原因、细节、改进策略等内容。

本小节中，我们介绍了5种优质人脉。在学习、工作和生活中，我们要善于从这些朋友身上汲取能量，驱使自己进步。另外，我们也可以多多向这些朋友学习，让自己也成为雪中送炭、乐于助人的人，成为敢于给予反馈来帮助朋友进步的人。这样一来，我们就能和周围的朋友形成良性互动，实现共同进步、共同成长。

在接下来的小节中，我会介绍在与人交往过程中的一个重要注意点——真心才是一切的前提。我们在交朋友时万万不可单纯为了功利。交友的前提是真心诚意，否则可能会让人心生反感。

一切交友的基础是真心

一

朋友之间很容易互相影响，因此我们要在一定程度上为自己划定交友范围，以真心为基础选择互相信赖的朋友，相互敦促、共同成长。如果在两个人的关系中，只有一方在输出，另一方单纯接受，那时间久了输出方一定会感到疲惫，以至于在某一时间点难以坚持。稳定的朋友关系一定是你来我往、各自付出、互相促进的。

总结来看，在人际交往中，付出真心的关键在于换位思考，一定要站在对方的角度上替对方着想。哪怕是在单纯的工作关系中，哪怕是在对客户的态度上，付出真心和没有付出真心都会有明显的差别。如果我们不能站在朋友的立场上真心诚意为他们考虑，甚至不拿别人的事当回事，那么之后当我们需要帮助的时候，别人也会用同样的态度对待我们。在有能力帮助别人的时候及时伸以援助之手，设身处地为朋友着想，未来善意才会回馈到我们自己身上，我们在职业道路上才能越走越好。

在本小节中，我们介绍了在人际交往的过程中真心诚意的重要性。真心的关键就是设身处地为对方思考、为对方解决问题，这在本质上就是一种换位思考。在此，我仍然想强调，虽然本小节并不是在第三章中篇幅最长的，但却是本章最重要的内容。在人与人交往的过程中，真心是非常可贵的。有没有付出真心，对方是一定能够感受到的。希望大家一定要牢记，世上纵使有再多的交往技巧，真心永远都是一切朋友关系的前提。

至此，我们第三章"高效社交"的内容结束。在本章中，我们学习了高效社交的方方面面，包括如何通过团体进行社交、如何拓展社交的广度和深度、如何建立社交人设、如何在人脉网中"避雷"和"寻宝"，以及人际交往中保持真心的重要性。至此，我们介绍了在职场、生活中高效社交以获取"外援"的技巧，那么向内看，我们又应当如何在所处的组织中高效做好我们的本职工作呢？这便是下一章我们要讲述的内容。

CHAPTER FOUR

第四章

—

高效工作

—

不论最终目标是职业经理人、资深分析师、高级工程师，还是企业家或其他，我们想要追求职业生涯的成功，既需要周围有强大的人脉助力，也需要有扎实的内功来把自己的本职工作做好。因此，我们在追求精进成长的道路上，学会高效工作与学会高效社交一样重要。在本章中，我们将从技能、专注力、沟通、时间利用、工作与生活平衡等角度出发，全方位为大家介绍如何高效工作。

先"磨刀"再"砍柴"：
如何提升工作技能

——

"磨刀不误砍柴工"是我们很熟悉的一句话，正因为其中的道理是亘古不变的。想要做好一件事情，就不能省略准备工作。

现代职场中所运用到的技能可以大致地分为两大类：硬技能和软技能。硬技能可以理解为有硬性指标、能力值可以客观测量的技能，比如使用某一个软件的水平、英语水平、金融知识水平等。软技能则是与人打交道的技能，比如演讲能力、销售能力、领导力等。通常来讲，在刚开始入职的时候，硬技能更重要。但随着我们的工作年限越来越长、职位越来越高，需要运用软技能的场景就会越来越多。接下来，我们将分别讲述如何锻炼各项硬技能和软技能，为在职业道路上高效"砍柴"做好准备。

（1）硬技能：软件类技能

现代职场人最常用的软件就是微软的Office了，包括Word、Power Point、Excel。在此之上，不同职业可能还有一些特殊的软件或软件插件，比如金融行业的彭博终端、万德终端，咨询行业的各种幻灯片插件等。

以Office为例，高效使用这三个最常用软件的核心，其实就是熟练使用快捷键。例如，在Excel表格中，我们如果想要插入一行，普通操作是：

① 鼠标左键单击行号选中一行；

② 右键单击弹出菜单选项；

③ 左键点击"插入"。

在这个过程中，我们其实需要多花几秒的时间，用鼠标去寻找需要插入一行的位置，以及寻找"插入"这一选项。而使用快捷键的话，过程就会缩减为：

① Shift + 空格键，选中该行；

② Ctrl + Shift + 加号键，添加行。

在快捷键烂熟于心的情况下，整套操作我们其实能在1秒之内搞定。别看这几秒的时间可能不太起眼，但是如果我们需要耗时一整天去做一个非常复杂的表格时，对于快捷键的熟练与不熟练可能就是1小时与3小时的差距。这一点在PPT与Word的操作上也是同理。

然而，在初期使用快捷键的时候，我们经常需要停下来思考，而且还会经常用错，导致使用快捷键会比使用鼠标一个个点击耗时更长。由于我们总是倾向于把眼前的事情快速做好，并且长久使用鼠标一个个点击的方法会形成路径依赖，我们便很难改变自己的习惯，去熟悉并使用快捷键。因此，在练习使用快捷键的时候，我们不妨"狠"一点，采用"拔鼠标法"，强迫自己只使用键盘即快捷键，来完成既定操作。如此坚持两周以上，虽然短期内的工作效率有可能会打折扣，但是却能养成一个提高工作效率、造福整个职业生涯的好习惯。

介于"拔鼠标法"与完全不使用快捷键之间，还有一个折中的办法来提高我们使用Office软件的效率，那便是设置快捷工具栏。我们可以把常用的5～10个功能添加到快捷工具栏中，并且采用"Alt→对应数字键"的操作来快速使用这些功能。如示例所示，在按下Alt键之后，我们可以用相应的键盘按键来选择所有功能。其中，数字键则能够选择我们预先设置在快捷工具栏里的功能。

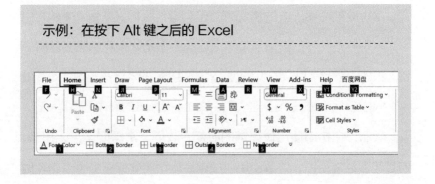

示例：在按下 Alt 键之后的 Excel

除了Office软件，各行各业大都会用到特殊的软件。在熟悉这类软件的时候，我们可以采取"逐一尝试法"，选择工作相对较为清闲的时候，在保证不会产生不可逆后果的前提下逐一尝试、熟悉软件里的各项功能，从而帮助我们拓宽实际应用时的使用范围。

总结起来，软件类硬技能的核心就是探索与练习。探索自己不熟悉的功能，并不断练习长期来看效率最高的使用方法。

（2）硬技能：记笔记

记笔记虽然是一件在我们学生时代都会用到的技能，但是职场中记笔记的侧重点会稍有不同。学生时代的笔记侧重知识点，通常是在教材上勾勾画画，只要正确标出知识点所在位置并伴以解释说明即可。通常老师也会在讲课时强调重要知识点的位置，以便学生们记好笔记。而在职场当中，需要记笔记的时候，重点往往不是那么明确，并且也不会有教科书来供我们参考，所以职场中记笔记的核心就是抓住重点。以下几种记录重点的方法，可供大家参考。

首先就是"线头法"。此方法主要可以应用在一对一访谈的笔记当中。在一对一的访谈当中，如果我们过于埋头记笔记会让气氛尴尬，并且过度专注于记会让我们错失问问题的良机，并且难以思考被访者所言的深意，从而难以进一步深挖更深层的逻辑。"线头法"则能帮助我们很好地解决这个问题。被访者所说的内容都是一段一段的，像一根一根的长线一样。所谓的"线头"就是被访者每一段话的中心主题。如果我们集中注意力倾听，我们就能记住被访者重要发言的逻辑线条，而记录下来的"线头"就可以帮助我们在访谈过后复盘时更好地理清每一根线条。

案例：线头法

原话：我认为A公司和B公司都是非常强势的公司，但是两家的优缺点各有不同。A公司注重技术研发，在技术方面能领先B公司3年左右，这个从A公司最近的产品中就能对比出来，B公司的产品参数跟A公司3年前的产品非常接近。但是A公司的销售做得不是非常好，毕竟是技术起家的企业，缺少一点线下销售的基因。而B公司就是销售做得特别好，销售人员多、体系强，并且还有各种各样的促销套路，让客户公司的采购部门非常方便购买，比如B公司最近推出了两个产品捆绑销售带折扣的销售方法，虽然两个产品每一个都比A公司差那么一点，甚至其中一个产品差得还挺多，但是捆绑打折扣的做法有力击中了采购部门的需求。

"线头"：A vs B，A技术强，3年，B销售强，捆绑促销。

如同案例所示，我们最后依靠这些"线头"，就能在访谈之后

复盘出被访谈者所叙述的所有主要内容。需要注意的是，事后复盘与访谈的时间间隔不可太久，当天之内为宜，以防我们忘记访谈内容，导致无法复盘。

第二种常用的记笔记方法是"行动项目（action item）法"，主要适用于团队会议。在工作团队的会议当中，团队领导通常会回顾过去一段时间的成绩，展望一下未来，有可能还会树立几个正面或负面典型，最后明确大家的分工或者目标。整个会议最重要的内容其实就是"我接下来应该怎么做"，所以准确记录会议当中分配给我们的任务或行动方案就是重中之重。在会议当中，我们可以在其他人发言的时候，时刻想着这段发言对我们的工作有哪些具体影响、我们需不需要改变现有的工作流程去适应这些影响，以及我们应该具体怎么做、截止到何时做完。这样我们只需要记录需要采取的行动项目以及截止时间即可，避免了记录过多不必要的内容，让我们错过重要讲话或者忘记应该采取什么行动。

第三种可以用到的方法是"符号/缩写替代法"，主要适用于记录重要讲话内容。众所周知，手写的速度赶不上说话速度，同时也不是每个人打字的速度都能赶上说话速度，那么如果想尽可能记录一段讲话的原貌，用符号或缩写替代一些复杂的内容就是解决方案。例如，大涨、上升可以用向上的箭头代替，波动可以用一段曲线代替，竞争对手可以用拼音首字母"JZDS"代替，只要是在我们工作中常用的词语，我们都可以用特定符号/缩写代替，以做到快速记录。

此外，各种硬件、电脑软件和手机App，已经有相当一部分可以以90%以上的正确率将语音转化为文字了。在情况允许下，我们也可以运用科技手段帮助我们做笔记。但是，凡事都是有舍有得的，智能识别记的笔记可能会让我们难以发现语音识别的错误部分，并且会后对一大段文字再做分析总结也是会耗费一定时间的。把"线头法""行动项目法"和"符号/缩写替代法"与科技手段相结合，我们才能更好地做到高效。

（3）硬技能：语言类技能

我相信英语学习是很多人头疼的事，如果在外企工作，英语则是升职路上必不可少的技能。学习语言并没有捷径，就是要多背、多练、多说。不过在多年学习语言的经历当中，我也总结了一些帮助我们多背、多练、多说的方法，在此分享给大家。

首先便是"强制多看法"，核心就是增加看单词的场景。把单词抄写下来贴在床头、贴在桌面，又或是用"有道词典"给手机设置单词锁屏，每次解锁手机屏幕时强行看10个单词，总之就是在生活中能看到单词的场景越多越好。

此外，还有"硬啃法"。想要熟练掌握一门语言，读原版书是不可避免的，但是想要达到读原版书的水平总归还是不简单的。因此，读完第一本原版书的意义极为重大，不仅标志着语言水平更进一步，并且从此以后阅读再也不会是"心头之痛"。在读第一本原版书的时候，我们一定要抱着一种"硬啃"的心态，不怕进度慢，只求把每一段话的大意都读懂。只要能坚持啃完一本书，哪怕耗时一整个月，在读第二本原版书的时候，耗时就能减半。反复读过几本之后，我们的语言能力就能有显著的进步。

（4）硬技能：专业知识

职场中常用的专业知识通常有两种：一种是每个行业的专业知识，比如生物制药、地产开发、机械结构等；另一种是能用在不同行业上的通用知识，比如财务知识、心理学知识等。如果要打磨自己的专业知识，并且在众多职场精英中脱颖而出，除了在日常工作中学习之外，我们还需要额外的努力，学习与我们工作有关的专业知识。

了解专业知识的起点我们不应该选得太高。对于一个对医药一窍不通的人来说，上来就去硬啃《药理学》无疑会消灭自己对医药行业的全部兴趣。快速了解一个行业整体脉络的最好办法就是看视频。比如，不论是哪个专业领域，在视频网络上都能找到很多面向零基础大众的扫盲视频，其中也不乏一些篇幅较短的纪录片。这些资源都可以作为我们了解一个行业专业知识的起点。

获取专业知识，读书是一个比较基础且放之四海而皆准的方法。每个行业几乎都会有涵盖一些专业知识但目标读者是大众的书籍，比如医药相关的有《癌症传：众病之王》《仿制药的真相》，金融相关的有《大而不倒》，经济学相关的有《置身事内》等。通过阅读这些书籍，我们就能大体上了解一个行业是什么样子的了。

如果我们还想再进一步，那就可以考虑报名行业内入门级资格证的考试了，例如金融行业的特许金融分析师（CFA）一级、医药行业的助理药师资格证等。最后考试哪怕没有合格，我们在学习的过程中也能得到一个对于该行业的较为系统的认识。作为一个非专业人员，做到这一步其实就打败了至少95％的人。

（5）硬技能：写作能力

写作能力可以说是为数不多的几个贯穿职业生涯始终的技能。不论是职场"菜鸟"，还是名企高管，都会遇到需要运用写作能力的情况，小到一封邮件，大到给全体股东写信，都是写作。在本小节中，我介绍各项能力的时候采用了从最硬技能到最软技能的顺序，作为硬技能当中的最后一项，我认为写作能力是硬技能当中"最软"的，也是锻炼起来最为困难的。为了用较短的篇幅阐述这个庞大的主题，我们把主题聚焦到一点上来，这一点便是"无迂回写作"。从经验来看，"无迂回写作"这一技巧能够覆盖工作中的大部分场景。

"无迂回写作"的重点就是越简短、越直白越好，这样读者才不会迷失在文字的"弯弯绕"中，使书面交流效率达到最高。我们可以对比以下两封电子邮件，看一看什么叫"无迂回写作"，而不必要的"迂回"又会给读者造成怎样的困扰。

案例：不必要的"迂回"

尊敬的领导：

我是新入职的XX。我在本科期间参与过4个实习项目，其中包括3家金融公司和1家互联网公司。但是久而久之，我感受到了金融行业的发展路径不是非常宽广，并且很少有机会接触到实际的经济体，所以我决定要加入咨询行业。因此，我在大四时加入了学校的咨询社团，苦练各种案例，通过3轮面试，最终成功加入了XXX咨询公司。但由于我经验尚且不足，到现在为止仍然没能找到一个项目组参加面对客户的工作，想请问一下您知不知道最近有哪些项目即将开始，我计划去询问一下有没有能够加入的机会。如果您时间方便，我也希望能够拜访您，向您学习咨询行业的经验。这周三到周五我时间都非常方便，看您什么时候有空就好。

案例：直白的"无迁回写作"

尊敬的领导：

我是新入职的XX。由于经验不足尚未找到项目组参加面对客户的工作，不知道您知不知道最近有哪些项目即将开始。如果有机会，能否在周三、周四或周五当面拜访，向您学习一下咨询行业的经验？

我曾经有3份实习都在金融机构，因此我具备一定的财务知识，擅长搭建金融模型，希望能借此为团队贡献力量。

后一个案例的措辞就很好地体现了什么是"无迁回"，在行文一开始就表明了自己的来意，方便对方在繁忙的工作中快速理解这封邮件，并且在最短时间内回应。而后面介绍自己实习经历的内容，也是从读者的角度出发，直接讲出了这封邮件中读者最关心的内容，即文中的"我"具备什么能力、能够对什么样的项目有所帮助，从而能够帮助"我"快速匹配所需信息或资源。

尽管如此，我相信很多人的写作习惯仍然是如前一个案例所示的那样按照时间顺序记述，更像一个时间跨度较长的流水账。哪怕在知道开门见山是最有效率的写作方式之后，仍然觉得语序非常不适。这其实就是写作习惯的问题，只要我们强迫自己尝试2～3次直击重点，这种不适就会有所缓解。

（6）软技能：公开演讲

讲完硬技能里最软的写作能力，接下来介绍的就是软技能里最硬的公开演讲。我相信演讲是很多人的痛。美国脱口秀喜剧演员杰瑞·宋飞曾经说过："与死亡相比，人们更害怕当众演讲，就像去参加一个葬礼一样，你宁愿自己是躺在棺材里的那个人，也不愿意是致悼词的那个人。"这当然说得比较夸张，但连喜剧演员都能发此感慨，人们对于公开演讲的惧怕可见一斑。

简单来讲，掌握公开演讲技能有三个过程：克服恐惧、第一次成功、反复练习。

首先说如何克服恐惧。这一步其实是最难的，因为恐惧是莫名的，我们需要克服的是假想敌。然而，一旦掌握了方法，克服恐惧也是三个部分里能最快解决的。这里有两个办法可供大家参考。

方法一就是"由他及己法"，从他人的经验中获取勇气。我们可以读一些名人讲述自己如何克服演讲恐惧的故事，这样我们就能深刻意识到，包括这些名人在内的大多数人都是害怕演讲的，而我们的这种恐惧并不说明我们的能力弱。并且这些名人往往最后又都是成功的演讲家，就说明哪怕心中的恐惧再强烈，最后也都能通过不断练习而改变。

方法二是"由己及他法"，我们可以回想一下我们自己在听别人演讲时，即使演讲者出现小差错，我们也不会觉得有什么，进而就可以推想到，我们自己在演讲的时候也同样不要害怕犯错，别人也可能真的不会太在乎。

在克服恐惧之后，我们就需要走到台前，开始第一次演讲了。第一次的成功能给予我们极大的信心，而我认为充足的信心可以在很大程度上促进演讲的成功。因此只需要一次成功，之后的演讲就会越来越得心应手。

再之后想要不断完善演讲技能的话，就只有不断练习这一条路了。推荐大家积极参与各种演讲俱乐部活动。大部分俱乐部的整体氛围都非常积极，有助于我们在不断练习演讲的同时建立自信。

（7）软技能：销售能力

大多数职业其实都需要做好"销售"。大企业的高管们对外需要销售公司的产品和理念，对内需要向员工销售公司未来的发展蓝图。在投资银行和咨询行业做到高位之后，主要工作就是拉项目。连在外界看来高深的一级市场、二级市场投资，在做到最后需要建立一只基金时，核心能力便是募集资金、找投资人。有很多人在职业道路上达到一个相对中上的水平之后就难以再突破了，其核心原因就是销售能力跟不上。销售的核心就是换位思考，思考客户需要的是什么，从而对症下药。我在职业生涯当中见到过不同流派的销售达人，记录于此，供大家参考并选择适合自己的流派。在这里请注意，我所说的各类销售达人基本都是在产品同质化程度相对较高的情况下才能起到决定性作用，如果产品本身的性能或性价比一般，再优秀的销售都难以让产品的销售成绩令人满意。

首先便是实力过硬派。这一流派的销售主要是凭借过人的专业知识，能从专业的角度为买方详细说明，答疑解惑，使买方安心。这种实力需要经过长年累月刻苦的学习，具体学习方法可以参照"硬技能：专业知识"部分的内容，在此不再赘述。

第二类便是心理关怀派。这一类销售主要靠的是对顾客心理的拿捏和掌握，从而脱颖而出。这类销售人员的主要特点便是会讲话、情商高、风趣幽默。买方在明知道对方的目的是销售产品的情况下，仍然觉得与对方相处轻松愉悦。不管多么老道的职场人，大家毕竟都是人，在最后下决定的时候难免会有一些人际关系的因素。我们需要在修炼情商的同时懂得换位思考，多观察客户的反应进而调整自己讲话的节奏与内容，经过多次磨炼，便可以炉火纯青。

第三类是资源丰富派。这类销售人员在业内业外都具有人脉资源，并且能够通过自己的人脉资源为买方提供实质帮助。例如，我认识有的销售人员是业余兼职的冲浪教练，教过很多对冲浪运动感兴趣的客户和客户亲友。

第四类是刻苦派。这类销售人员的专业水平不一定登峰造极，但是对于客户的要求总是放在心上，并且能在最短时间内予以回应。不管是工作日深夜还是周末，每当客户发来问询信息，他们总会在第一时间回复"好的，收到"，并且通常能够在几个小时之内就搜集相关资料给予回答，总能让客户感到安心。

以上四类销售人员是我见到过的比较典型的销售流派，供大家参考。并且，真正的明星销售一般都会有一个特别突出的长板，但是在其他方面也不会太差。比如有的销售能够用自己的人脉为客户排忧解难，但是如果客户发来的问询信息总是太晚回复，也会对销售造成不良影响。所以优秀的销售往往都是不同程度的以上四类派别的组合。

（8）软技能：抗压能力

在智商、情商之外，逆商（Adversity Quotient，AQ），也叫挫折商、抗压商，通常被认为是决定事业成功的第三大因素，因此这三个概念被并称为"3Q"。在近些年国内"内卷"之风盛行的大环境下，抗压能力愈发重要，我们可以运用以下几个技巧来合理抗压。

第一，未雨绸缪。抗压并不只是心理承受能力，还有提前规划的能力。我们要熟知自己的风险偏好，并且针对自己的风险偏好规划未来。在埃隆·马斯克耗尽全部财产投资可回收火箭、比尔·盖茨哈佛辍学创办微软等一系列传奇故事的熏陶下，有很多创业者在心中有一种"渴望孤注一掷"的"浪漫"，认为只有孤注一掷才能成就伟业。确实，有的人不孤注一掷就难以集中精力，这类人或许可以选择把所有鸡蛋放在一个篮子里，以鞭策自己。但有的人如果内心对生计感到不安，该投资时不果断，该招揽人才时不敢出高价，很容易导致创业的失败。因此，如果你是一个需要安全感的人，不妨提前做好规划，想好退而求其次的出路后再去拼搏。

第二，将最坏结果可视化。抗压不只是硬抗，更多的是懂得疏导。很多时候，我们对于未来的恐惧其实是对于未知的恐惧，因此将这种未知可视化、具象化，便可以减轻压力。

第三，分享逆境。这也是一种疏导压力的好方法。我们可以与挚友、家人分享自己所遭遇的逆境、所承受的压力。通常来讲，讲出来之前我们可能会觉得难以开口，觉得分享这些内容是一种示弱，甚至是会致使别人担心的行为。但是讲出来之后，往往并没有什么大不了的，反而善解人意的挚友和家人们会感激我们把自己相对脆弱的一面展现给了他们。宠物在对人类展现信任时，通常会把自己最柔弱的腹部露出来让人抚摸，而人类也通常会认为这个时候的宠物非常可爱。

第四，不过度归因。所谓的过度归因，就是把失败的原因都归结到自己身上。被上司骂了，就认为是自己无能；项目失败了，就认为是自己的失误导致的。诸如此类的过度归因会成倍地增大我们所承受的压力。然而，世间万物是复杂的，事务之间的联系也是千丝万缕难以理清的。

（9）软技能：决策力

对于一个决策的成功与否，我们其实很难掌握，但我们可以通过一些方法来保证我们的决策质量。好的决策质量虽然不能让我们事事全对，但却可以提高我们的决策成功率。

第一，在决策时，我们要排除无关因素的干扰。在独立思考得出一个初步结论之前，我们应该尽可能地避免阅读带有偏向性的资料。《人性实验》一书中介绍了社会心理学中最重要的28项研究，其中有一项令人印象深刻的便是，在人类的大脑构造里，初步理解与相信是同步发生的。因此，我们在对一个主题没有任何知识储备的情况下，阅读一篇具有偏向性的文章，就会从潜意识里全盘接受这种偏向性，从而导致决策质量下降。

第二，在决策时我们要果断而不鲁莽。这个度其实是很难掌握的，过度果断就是鲁莽，而一味追求正确决策，不停地思考，不停地变主意，就会导致优柔寡断。一个黄金法则是，当我们的头脑感受到自己已经列出所有对决策有直接影响的要素时，我们就可以定下初步的决策了。并且，反复改变决策也是一项大忌，我们可以只给自己一次改变决策的机会，以避免反复更改。即便如此，决策的果断与鲁莽程度仍然非常难以掌握，需要我们通过长期的经验积累与智慧来不断摸索。

第三，在领导一个团体队进行决策时，我们要尽可能多地听取不同团队成员的意见，并且保证所有成员不互相影响，独立形成意见。在《原则》等众多商业书籍中都提到过这一点：团体决策优于个人决策，且团队成员的背景越多样决策质量越高，但必须保证团体中每个个体在形成决策时互相独立，否则会导致团体决策向极端发展。

（10）软技能：领导力

海内外各大商学院一直都在乐此不疲地研究领导力，却很难得出统一的结论，所以在本书中我仅希望能够通过我对于领导力的思考，给大家一个参考。

作为一个资深的《海贼王》粉丝，我时常在思考，路飞作为船长，把旗下成员凝聚起来的核心能力到底是来自哪里呢？除去他的"主角光环"，我认为便是他激发别人潜能的能力，这或许就是领导力的核心。领导力的要义在于凝聚人心，而凝聚人心需要领导能够提供所有人都希望得到的东西，而在一个优秀的团队里，每一个团队成员都应该是希望得到成长的。因此，一个能促使他人成长的领导便是具备领导力的。

那如何才能算是能促使他人成长呢？这可以有多种答案：可以是领导身先士卒，言传身教；可以是领导循循善诱，擅长鼓励团队；也可以是领导胸怀使命，以使命感引领团队前进。

"心流状态"——高效工作的核心奥义

"心流状态"是心理学中的一个术语，指一种人们在专注进行某种行为时所表现的心理状态。我们几乎每个人在考试时都会经历心流状态，精神高度集中，仿佛世界上其他人都不存在，我们只能看见眼前的试卷与试卷上的题目，并且在完成一道道题目的同时几乎感受不到时间的经过，这便是非常典型的"心流状态"。在工作中，如果我们能够进入到"心流状态"，我们的工作效率至少可以翻倍。因此，我将进入"心流状态"称为高效工作的核心奥义。

我们大概都知道集中注意力可以让我们达到"忘我"境界，但是这种状态的转换并不能操纵自由。那么最重要的问题便是怎么才能快速进入"心流状态"。从实际经验出发，我总结出了以下四种方法。

（1）只做一分钟法

进入"心流状态"的最大难点其实在于最初的一分钟。如果没有经过训练，我们的注意力很容易短时间在"集中"与"不集中"

两种状态之间游离，因此如果我们能够坚持在最初的一分钟之内完全集中注意力，我们就能将这种"集中"的状态持续下去，进而快速进入"心流状态"。

在最初的一分钟工作里，我们最好给自己安排一些较为简单且机械性的任务，以保证我们能够以较小的注意力成本持续下去。任务一旦有些难度，我们就难免会停下来思考，而在最初的一分钟内，这种思考就很有可能成为注意力分散的诱因。因此，在开始工作的最初一分钟内，我经常喜欢给自己安排发重要程度较低的邮件、整理简单的数据、调整表格或幻灯片模板等这类简单工作。有时候手头上没有这类工作，我还会强迫自己抄书一分钟，从而达到静心凝气、集中注意力的目的。

（2）"最后期限（deadline）"压迫法

坊间流传着这样一句话，"最后期限（deadline）"是第一生产力。这句话在科学上也是得到证实的。在最后期限临近时，焦虑的情绪会促使我们的身体分泌肾上腺素，让我们工作、学习起来更加拼命。因此，在工作当中，处理距离"最后期限"最近的工作有利于我们进入"心流状态"。我们可以选择在早上或者下午开始工作的时候，从距离"最后期限"最近的工作开始着手，从而提高工作效率。

此外，我们也可以自己给自己设置"最后期限"以提高我们进入"心流状态"的速度。例如，可以将大工作切分为不同的小块，给每一个小块都设立一条"最后期限"。在实际操作时，由于我们很容易遇到内驱力不足导致"最后期限"形同虚设的情况，我们可以借助外力，比如引入他人监督、频繁向上级或同级汇报等方法来让这些自设的"最后期限"更加真实。

（3）成果可视化法

成果可视化法其实是一个记录待办事项的技巧。该方法可以增加我们持续工作的诱因激励，将完成的工作可视化是一种对已完成工作的心理奖励。如果说"最后期限"压迫法是"大棒"，那成果可视化法就是"胡萝卜"。"胡萝卜"和"大棒"一起使用，才能使效果最佳。举例来讲，我会如接下来这个示例一般，在电脑里的便签软件上做上标记，呈现出目前手头每一项工作的进展。

示例：工作成果可视化

写报告　○○

总结产业数据　○

读研报　○○○

确认会议参加人员　○○○

给Wendy发邮件 ○ ○ ○

跟Charles约电话会 ○ ○

预约餐厅 ○ ○ ○

　　将所有的待办事项记录在一个容易看到的地方，这有利于我规划工作。在记录的过程中，对于已经开始的工作，我会画上一个圆圈；对于能做的都已经做完，需要等待对方回复的事项，我会画上两个圆圈；对于已经做完的任务，我就会画上三个圆圈。如此一来，所有手头的待办事项都能看到进度，一排又一排的圆圈还为我持续工作提供了成就感和动力，增加了我进入"心流状态"的动力。

（4）停在中间法

　　在《先发影响力》一书中，影响力大师罗伯特·西奥迪尼就指出，未完待续状态更能吸引人的注意力，所以工作做到一半的时候停下来，会让人感到"难受"，想要尽快返回工作，并且再次开始的时候能够更快上手。我将这个方法应用到实际工作中时发现，每次需要停下手头工作的时候，将工作停到一半能够非常有效地帮助我度过最难集中的"第一分钟"，大大提高了进入"心流状态"的成功率。

　　"心流状态"可谓是工作的一大法宝，往往在心流状态过后，我们会对自己的潜能感到惊叹不已，并且在睡前会获得一种"今日竭尽全力战斗了"的安心与快感。其实，"心流状态"与快速进入"心流状态"的三大方法不仅仅适用于工作，也可以使用在我们的生活中。比如，打扫卫生时，我们可以抱着只打扫一分钟的心态开始打扫，但是打扫着，一分钟就会不知不觉地过去，我们便能快速地打扫好整个房间了。再比如，我们读书的时候可以采用"停在中间法"，每次停下阅读时都停在句子的中央，这样我们哪怕去做别的事，也会在心里一直想着读书这件事。

降低与人沟通的成本

—

圣经中有这样一则传说：人类在最初时只说一种语言，当他们到达一片新的土地之后，就想建造一座城和一座高耸入云的通天塔来在上帝面前彰显人类的威名。上帝看到后，决定打乱他们的计划，于是上帝创造了多种语言，让人们不能知晓互相的意思，于是人们就分散到了世界各地，停止建造那座城和那座高耸入云的通天塔了。

这固然是一则宗教故事，但是故事中上帝直接切到了能够阻止人类互相协作的要害——语言。无论一个人力量多么强大，智力多么高超，都不可能仅仅凭借自己的能力完成一项事业。我们必须通过合作才能完成一项大事业，并且合作的核心就是沟通。

在巴别塔传说中，我个人认为上帝通过多种"语言"将人们分开的举措指的并不仅仅是把一种通用语种分成汉语、英语、日语等这么简单，也是指把使用同一语种的人们按照对语言语句的不同理解给分开了，让语种相同的人们也无法有效沟通，无法高效协作。

其实，这也是我们如今在工作中仍然会面临的一大问题，感觉互相之间有的时候就是难以理解。

那么如何才能做到高效沟通呢？在实战中，我总结出了可以改善沟通的五个通用法则。

第一，直切主题。虽然说在职场上讲话不能低情商地口无遮拦，但毕竟职场还是以完成工作为主，直切主题的沟通方式能够有效减少沟通成本，提高沟通效率。我们可以通过以下两种表达方式来更具象地理解一下。

> "昨天我老婆身体不太舒服，我送她去医院来着，去得着急，手机忘在家里了，所以下午没回您短信，不好意思了。"
>
> "不好意思，昨天下午没回您短信，家人出了些状况。您交代的事情我今天来办可以吗？"

不难看出，第二种表达方式更为直接，更加直切主题。虽然第一种表达方式中，员工所陈列的理由可以理解，但是从结果导向上看，上司显然会更喜欢第二种一上来就直切主题的表达。同时，第二种表达的末尾以补救措施结束，清楚地讲出了上司关心的事情，间接交代了下一步计划，缓解了上司的心头担忧。

第二，为听者着想。如果我们沟通的对象是职场新人，用过多的职场术语只会加大他们理解的难度。如果我们沟通的对象说话时喜欢用英文或喜欢用一些特定单词、短语，我们不妨也试着用他们最熟悉的语言和表达方式。

在《硅谷钢铁侠：埃隆·马斯克的冒险人生》一书中，我们可以看到，强如埃隆·马斯克都在强调员工之间沟通要尽量避免使用缩写和行业"黑话"，因为听不懂的人一般都不好意思反问，这就变相阻碍了新员工融入公司。另外，跨职能部门的人在交流的时候，这类缩写和行业"黑话"也可能成为沟通的障碍。用缩写节约的那一点时间，与沟通失误可能带来的潜在后果相比根本微乎其微。

此外，为听者着想也要求我们在沟通某一件事情时，要先了解沟通对象对于该事件的理解程度，否则就可能发生下面这样的"悲剧"。

案例：信息不对称所引发的沟通失败

领导："小亮，你一会去准备一下客户会，把A文件和B文件打印好了放在会议室里，人手一份。"

小亮："好的领导，一共有多少参会人员？然后最新版本的文件在哪里？"

领导："你问小红吧。"

客户会前5分钟

领导："小亮，你这个B文件打印的不是最新版本啊，我不是让你问小红吗？"

小亮："这就是小红给我的版本。"

领导："昨天晚上小青又更新了一版，小红应该知道的啊。"

在这个案例中，整个沟通的环节涉及了领导、小亮、小红、小青四个人。领导显然没有考虑到小红是否得到最新信息，从而导致小亮犯错误。由于客户会前已经来不及准备，小青一晚上的工作结果等于是白干了。虽然说在整个环节当中，包括领导在内并没有哪一个人犯了什么大错误，但是涉及多个人的沟通就是非常复杂的，如果没有提前更新所有沟通对象所掌握的信息，就很容易发生类似失误。

解决方案就是"信息对齐法"，在沟通之前我们应该同步更新一下所有沟通对象所掌握的信息。比如，案例当中，如果领导能够提前安排组员给每一个版本的文件A和文件B设置一个版本编号，并且在让小亮打印的时候告诉他需要打印的版本是哪一版，那在小亮发现小红手中的文件B并不是领导所需要的版本时，他便自然会回去再次询问领导或者询问其他组员，这也就避免了发生版本出错的情况。这便是通过机制设计达成的信息对齐。再比如，如果在沟通时，领导没有想当然地认为小红知道小青更新了最新版本，而是将自己所知道的信息都告诉小亮，虽然在一开始需要多花点时间说明，但也能有效避免失误。这便是通过积极沟通达成的信息对齐。

第三，不懂就问。这一点非常简单。在与上司或者同事沟通时，我们时常会有听不懂的时候，我相信大多数人的第一反应都会是先掠过这段，事后再自己理解，或者试图独立考证。但是这种事后理解，或者独立考证的行为，往往会造成理解上的重大偏差。从上司的角度出发，我相信不论哪个上司都不会希望下属在临近"最后期限"的时候给自己送来一个"大惊喜"。另外，在问问题这件事情上，我们一定不要有压力，害怕别人会因为我们问出低级问题而看低自己。要知道，提出问题的最佳时机永远是现在，永远是趁早。假设我们有一个所谓的"低级问题"一直萦绕在心头，刚开始工作时问出来可能尚且情有可原，如果一直不大胆问，直到工作一年多之后再被老板发现我们其实有一个"低级问题"一直没搞明白，就显得更不好了。

第四，不轻易打断。在别人发言的时候，有的人总会急于打断，以表述自己的观点。但是，作为被打断的人，第一反应往往也不是认真听取对方的观点，而可能会产生一种轻微的失落或愤怒。因此，经常打断别人的人，往往重心并不是在沟通上，而是在表达自己上，别人听不听得进去跟他们关系不大。

第五，平心静气听取不同意见。工作上的沟通，从本质上讲应该是对事不对人的。在高效的沟通中，我们应该明白，反驳我们的观点并不等于诋毁我们。在沟通中，一旦我们开始对事情的讨论产生了情绪，那么讨论的方向就会偏离事情本身，最后导致沟通只能"和稀泥"，或者弱势方作罢才能得出结论。如此一来，浪费时间不说，也很难得出最优的解决方案。

利用好废物时间

—

在工作中，有很多需要我们预留出大块时间来进行的任务，比如召开会议、写报告、做模型等。但在每一个大块时间之间也有很多穿插着的碎片时间以及平时利用不起来的废物时间。利用好这些时间也可以提高我们的整体工作效率，接下来我会仔细讲一讲在这些看似无用的时间里，都能做哪些有生产性的事情。

（1）微型计划

所谓计划，并不一定是宏大的五年计划、十年计划。在工作中，我们也需要很多微型计划。比如头脑中过一过今天一天都有哪些日程、有哪些重要日程需要提前做准备、下午的会议上自己应该注意说什么、三天之后要交的报告应该以什么结构来写等。如果能提前计划好这些日常内容，我们也能够收获更高的工作效率，并且还有意想不到的收获——早期优势。

马尔科姆·格拉德威尔在《异类》这本书中讲到过，在一个人的成功当中，有很多大众不了解的因素，其中一个非常有意思的因素就是"早期优势"。他在书中用加拿大的冰球队举了例子。冰球在加拿大是一项非常成熟的运动，类似于足球在巴西的地位。但是马尔科姆发现，绝大多数优秀的职业运动员都是出生在1月、2月、3月，比如有一个名叫老虎队的冰球队，当时的25名队员中就有17个人出生在1月到3月之间。而原因就是加拿大冰球队在培养、选拔的过程中，会以1月1日为分界线对孩子们进行分组，而在少儿队当中，1月到3月的孩子较其他孩子而言身体发育早了好几个月，而就是这看似不起眼的身体条件上的小差距造成了整个冰球职业生涯的大差距。因为只有在少年队中表现优秀，才会有机会多上场，积累更多的信心与经验，才有机会一直到最后成为职业运动员。这也告诉了我们，在做一件事情的时候，早期的微小优势非常重要，因为到后期可能会逐渐扩大成为决定性优势。

回到我们的正题上来，微型计划是能够保障我们在日常工作和会议当中建立早期优势的工具。大多数人可能不会在每一次开会之前都能做足充分准备，我们如果能够利用好废物时间，提前做好准备，哪怕只是思想上的准备，我们也能取得微小的优势。尤其是在职业道路的早期，这些日常中的微小优势在逐渐积累起来之后，也会变成我们职业发展道路上的强劲助力。

坐电梯、去休息室接水、中午去吃饭的路上等，这些时间虽然看起来碎片，但是我们可以将这些废物时间用好，在头脑当中设立微型计划，做每一项工作都有条不紊、按部就班，做每一件事情都达成一个小目标。

（2）聊天

我们的头脑没有持续的输入就不会有持续的输出。聊天则是一种能够帮助我们快速增加输入的方法。与同事交流，我们可以获取公司内部的人事信息、战略动向，从而帮助我们更好地了解公司全貌。与行业内的朋友交流，我们可以获得新知识，了解行业内的最新动向，加深我们对于行业的理解。与圈外的同仁交流，我们可以获取灵感，有很多时候，一个行业内重大问题的解决方案，都是从其他行业借鉴而来的。"他山之石，可以攻玉"，将午餐时间、晚餐时间、周末时间适当地利用起来，多见一些业内业外的朋友，对于我们短期的工作以及长期的职业发展都能够有所帮助。

在聊天的时候，我们可能经常会遇到提不起兴致来的情况，觉得如坐针毡，不知这个让人痛苦的聚会能够何时结束。这个时候，我们不妨就转换一下思维。提不起兴致的根本原因就是对方讲话的内容与我们的本职工作没有什么关联，我们可以尝试将我们的视角从狭窄的、只注重于眼前的事情，转变为学习这个社会、这个世界的运作方式。

　　举例来说，如果你是一名医务工作者，可能对于见一个石油化工专业的大学教授没有什么兴趣，因为双方的职业跨度实在是太大了。但是如果从学习世界运作方式的角度来讲，这其实是一次学习另一个世界的绝好机会。还记得乔布斯那句著名的"连点成线（connect the dots）"吗？他也不会想到，自己在大学里学习的"如何书写漂亮的美术字"课程，能够成为他开创电脑字体字型的必要燃料。人生的走向难以预测，现在积累的每一个看似不相关的"点"都有可能成为我们未来成功道路上的基石，将与现在职业毫不相干的人聊天这件事看作积累"点"的过程，就不会再感觉到如坐针毡了。

（3）阅读

　　碎片时间阅读是近些年被热烈讨论的话题，正反两方各执一词。正方讲碎片时间阅读提高效率、节约时间，反方讲碎片阅读难以形成系统性知识。我个人喜欢通过碎片时间阅读电子书，哪怕因为阅读时间比较短，不能沉浸进去，但读一读那些并不深奥的普通书籍，还是足够的。

　　此外，阅读新闻也是非常好的方法，能够帮助我们了解在更广阔的世界里发生了哪些事情。在各新闻媒体中，我个人推荐"36氪""虎嗅"等垂直深度媒体，因为这类平台的资讯足够多样，且内容质量也比较好。

（4）处理生活琐事

在工作中，我们难免会因为生活琐事而分心分神，比如衣服洗没洗、水电费是不是该交了、房子是不是该续租了、周末要不要去看牙医等。这些生活琐事如果抽出一大块时间来做会感觉浪费时间，但不做却又会给生活带来负面影响，因此在废物时间处理掉会是不错的选择。

例如，在电梯上我们就可以编辑要给房东发的续约短信，在上下班路上可以用手机App把水费交了。利用好这些碎片时间处理好生活琐事，能够有效减少我们浪费在琐事上的精力，让我们能够把精神集中起来更好地用在思考工作上。

本节中我们介绍了四大利用废物时间的方法，分别是微型计划、聊天、阅读、处理生活琐事。其实，合理的休息也能作为一项高效利用废物时间的选项，不过因为其内容较多，重要性较高，我们会放在下一节中单独讲解。

休息也要讲求高效

—

休息这件事比我们想象的要复杂得多。除了体力之外，精力是决定我们能够完成多少工作、付出多少努力的重要因素。睡眠可以恢复体力和精力，而高效休息同样可以。我们可以总结出四种恢复精力的方法。

（1）社交法/独处法

之所以将"社交"与"独处"这两个完全相反的方法放在一起，是因为不同性格的人的精力可能会在不同的环境当中才能得到恢复。在近两年爆火的"MBTI"测试当中，第一个维度便是"内向"和"外向"。其中，内向的人更倾向于在独处时恢复精力，而外向的人则更倾向于在与人聚会时恢复精力。我们可以根据自己的特性，选择可以帮助自己恢复精力的方法和环境。

如果你是外向的人，你可以和朋友们一起去爬山、去远足、去吃火锅、去唱歌等。这些活动能够让我们的身心暂时远离令我们心烦意乱的琐事，从而达到恢复精力的目的。如果你是内向的人，你选择自己去旅行、在家读书等，哪怕是独自在公园发呆，都可以有效从疲惫中恢复。需要注意的是，有很多人喜欢"将就"，朋友叫去爬山就去爬山，叫去吃火锅就去吃火锅。如果我们在这类活动中，因为性格或者单纯个人喜好的原因无法休息，反而在消耗精力，我们一定不能将就，要主动选择自己的休息方式。

（2）转换思维法

这个方法非常直白，就是从繁忙的日常生活中短暂抽身，做一些放松的事情，比如读书、浇花、撸猫等。一定要注意的是，搞笑视频、游戏这类传统意义上认为的放松方式其实并不能有效帮助我们恢复精力，反而会进一步消耗精力。因为在看搞笑视频或玩游戏的时候，我们的精神高度集中，并且情绪起伏较大，这样便会越休息越累，越累越想休息，陷入成瘾的怪圈。

（3）动态放松法

适当的有氧运动能够帮助我们有效恢复精力，并且以室外有氧运动为佳。我个人最喜欢的就是在河边散步，每次走着走着都会感到身体越来越累，但大脑却越来越放松，并且哪怕没有集中注意力在工作上，还能在放空的同时偶尔想到几个有助于工作的好点子。走完过后，第二天一觉醒来就又能进入体力精力充沛的状态。

（4）活力小睡

活力小睡是我们在第二章的最后一节中介绍的内容，主要是指25分钟以下的小型午睡，当我们感到精疲力竭的时候，一个活力小睡也可以帮助我们快速恢复精力。具体内容大家可以参照第二章，在此我便不做赘述。

"躺平摆烂"的另一个极端就是无时无刻不在马不停蹄地奔跑，忽略休息。人都是需要休息的，如果在长时间精力得不到恢复、过度工作的情况下，我们的身心健康就会受到影响，并且投入的时间与最后产出的比例也可能会逐渐变差，所以学会休息也是学会高效工作的重要一环。

学会外包工作

—

无论再怎么节约时间，再怎么高效恢复精力，我们一个人能做的事情总归是有限的。我们需要学会将一些工作有效地外包出去，才能保证自己在最短时间内有最多的产出。随着职场经历的增长，我们能够接触到的公司资源越来越多，到后来还会带实习生，甚至带团队。在本节中，我们就来讲一讲有哪些工作我们是可以外包出去的。

（1）简单重复性工作

在职场初期，我们难免都会做一些简单重复性的工作，但随着工作经验越来越足，持续做这种工作可能就是一个问题了。首先，我们已经完全熟悉了所有相关的重复性工作，继续做已经不能让我们获得任何成长了。其次，如果随着工作经历的增长，工资逐渐上升，但做的工作却没有变化，那我们早晚也会成为团队的累赘。所以在适当的阶段，把这类简单重复性工作外包给团队的新人，或者外包给公司外部其他人，都是有利于职业成长的。

（2）工作流（workstream）

工作流其实是一个在咨询行业常用的概念，主要指相对独立的一个工作块。由于咨询行业经常是时间紧任务重，项目经理通常都会把整个项目划分成不同的工作流，然后将工作流委派给每一个项目团队的成员，而该成员就会为这一个工作流中的全部内容负责。

在企业中的员工其实很少有机会分到一个独立工作流的工作。一来因为企业内部错综复杂，工作划分起来比较困难。二来其实也有领导不愿意将权力划分给下属，因为担心下属出错自己需要承担责任。

乔布斯有一次在一所大学演讲时，被学生问及了在创业过程中，他所克服的最大的困难是什么。乔布斯思考良久后，讲出了他的答案。在问题发生的时候，我们的第一反应通常都是撸起袖子自己去解决问题。但是作为一个公司领导者，或者团队领导者，这样做固然能够以最快的速度解决问题，但是团队成员会因此丧失一次提升能力的机会。久而久之，如果一个管理者总是习惯自己亲自解决问题，自己的团队就会丧失战斗力，成为唯命是从的"跟班"。因此，乔布斯认为这种每次遇到问题都撸起袖子自己干的冲动，是自己创业道路上最难克服的障碍。

乔布斯的这次演讲让我明白了，将手头的工作外包给团队成员是多么重要，哪怕作为更有经验的员工或者团队领导，遇到问题亲自解决是更快的方法，但是为了团队更加长远的发展，将整块整块的工作发送给经验较少的员工也是十分必要的。

（3）专业问题

专业的问题要交给专业的人，这是我个人一贯的主张。不是医生就不要自己给自己诊病，不懂法律就不要凭借自己对法条的一知半解自作主张。在工作中也是一样，如果我们遇到涉及专业知识的问题，一定需要去请教有相关专业背景的同事；如果我们是团队的管理人员，也需要按照每个人的专长分配任务。

在外包工作时，我们特别需要注意的一点是，如何安排好外包时间，而这其实与项目管理相似。假设任务A耗时6小时，需要我们从头到尾亲自完成。任务B同样耗时6小时，但是允许我们亲自先做2小时，然后可以把后面4小时的工作交给外部资源或其他团队成员来完成。那么任务A与任务B的时间安排就有一些考究了，如示例所示。

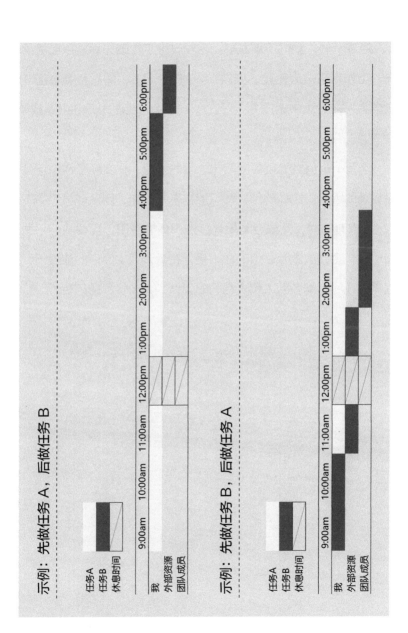

通过示例，我们不难发现，合理安排工作的先后顺序能够给一天的工作带来很大变化。先做2小时的任务B，然后将剩余部分外包出去，之后集中做任务A，这样一来我们就在一天之内完成了2项任务。

这两个示例当然是极度简化之后的情况，在实际工作中还会有更复杂的因素。比如外部资源只能在下午工作，团队成员只有下午3～6点有时间，又或者利用外部资源需要费用，需要我们平衡时间成本和金钱成本等。大的原则是，在金钱成本允许的前提下，我们需要让尽可能多的人和资源同时工作，减少资源的闲置。

平衡主业与副业

—

本节将会梳理一些比较常见的副业类型，并探讨如何合理分配主业与副业的时间和精力。

（1）常见的副业类型

最典型的便是创作类的副业，包括公众号文章写作、视频创作、社交媒体内容创作等。此类副业的优点是时间灵活、主题自由，可凭借自身的优势和独特风格任意发挥。再加上如果你本身就喜欢写作或视频制作，那此类副业非常适合你。但是这类副业的缺点也很明显，那就是赛道本身已经十分拥挤，可能收入有限，与投入的精力不成正比。不过一旦能够瞄准卖点，找准差异化，该副业收入的增长潜力也是不可小觑的。

其次便是"小时工"类的副业兼职，比较有代表性的有大学生求职辅导、有声书录制、英文书翻译等。此类兼职的优点就是每小时的回报比较稳定，市场需求也相对稳定。缺点则是需求的随机性较强，且如果不通过机构来获得信息，则寻找顾客的成本较大，而通过机构的话则需要与机构分享部分收入，可能存在被机构"坑"的风险。

再次是创业型副业，比如自营网店、与朋友合伙开餐馆等。创业型副业如果发展得好，很有机会转而成为主业，且收入的增长潜力非常大，但是这类副业受经济环境影响很大，且牵扯的资金和精力也会比较多。

（2）合理分配主业与副业的时间和精力

在开始一项副业之前，我们一定要想清楚自己的长期职业发展目标是副业还是主业，再决定我们时间与精力的花费重点应该在哪一边，不可以本末倒置。另外，哪怕是我们决定了未来想要往副业的方向发展，对于主业的基本工作，我们还是要完成的。就算是强如著名科幻小说作家刘慈欣，在创作的同时仍然没有疏忽在电厂担任工程师的本职工作。在做好思想准备之后，我们可以按照以下流程来平衡主业与副业的投入时间。

第一步，选择副业类型。这一步非常简单，只要根据我们的目的，例如赚钱、转行、丰富业余生活等，选择最适合的便好。

第二步，设定每周最长投入时间。设定最长投入时间是为了防止我们本末倒置，因为我们在忙起来之后很容易陷入眼前的事情而忘记初衷。在心中有一个最长投入时间的限制，可以让我们有一个警醒自己的机制，以防在副业上投入的时间精力过多，影响主业。

第三步，规划副业的时间。在规划副业时间时，我们可以从周中和周末两个角度来考虑。周中因为会有本职工作，通常情况下用来做副业的时间只能是晚上，每天能够抽出来的时间大约2小时。周末的时间规划较为宽松，我们可以平衡自己的社交需求与休息需求，尽可能在周六安排副业相关的工作，从而保障每周至少有一天能够休息好。

第四步，可持续性副业。这一步与其说是步骤，不如说是注意事项。副业与主业不同，对于主业我们通常不会遇到困难就轻易撤退，现实里大多数人还是会选择迎难而上。但是副业可能就不同了，我们随时都有回归主业这一选项作为安全网，所以在副业上我们时刻面临的抉择就是要不要放弃。从第一步选择副业类型中，我们知道了要选择热爱的副业类型，但即便如此，坚持下来也不是件易事。我们需要给副业设置好里程碑，比如存款数额、访问人数等这些硬性指标，最大限度地将副业成果可视化来激励自己。合理规划时间也非常重要，我们刚刚开始一件事的时候通常会把计划做得很宏伟，想象自己能够大跨步向前走，所以就容易规划过于激进，导致实际执行起来越来越累，越来越想放弃。我们可以根据自己的性格特点，把最开始心里想的计划"兑一些水"。比如，我们觉得自己可以周中每天在副业上投入4小时，我们就规划成3小时，减少25%，以提高副业的可持续性。

本小节中，我们介绍了主要的副业类型与如何更好地平衡主业和副业。然而，我们的人生中不是只有工作、获取收入。它们只是获取幸福和安全感的手段，而并不是人生的目的。如果追求幸福和安全感是人生的第一要旨，那么家庭可能是比工作还要重要的因素。平衡好家庭和工作也是高效工作的重要一环。

正确处理工作与家庭的关系

一

工作与家庭的最佳关系是互不影响又能互相促进。为了达成这个状态，我们可以总结出在处理工作与家庭关系时需要遵从两条原则。

第一条原则，工作不影响家庭。简单来讲就是工作中的负面情绪不应该带到家庭当中。在工作中，我们可能觉得承受了来自客户、老板、同事们不公的待遇，回到家庭中偶尔"爆发"一下情有可原，但是这种不良情绪的后果如果让家庭承担，对家庭成员来说是非常不公平的。这种情况的解决方案有两种，即"情绪重置法"和"倾诉法"。

"情绪重置法"就是在负面情绪堆积的时候，回家前通过运动等方式来重置我们的情绪。在运动过后，我们的大脑中会分泌一种叫"内啡肽"的物质，能够让人身心愉悦。与多巴胺不同，内啡肽给我们带来的不是一种对于短暂快乐的渴望，而是一种长期的、安稳的快乐。运动的种类以柔缓为宜，比如慢跑、慢速骑行、瑜伽等，因为剧烈的运动会导致大脑兴奋度增加，可能还会产生"越想越气"，进而加重不良情绪，与我们运动的初衷背道而驰。因此，下班后去健身房慢跑30分钟是不把负面情绪带给家庭的好办法。

"倾诉法"是将负面情绪倾诉给家人或朋友，以达到调节情绪的效果。但是此方法的前提是我们的倾诉对象一定是善解人意的，而不是通过"打击疗法"来增加我们负面情绪。倾诉能够有效排解不良情绪，接受自己的不完美与脆弱可以成为我们成长道路上的助燃剂。鼓起勇气向别人倾诉自己的负面情绪就是同自己的不完美和解的重要表现。

第二条原则，家庭不影响工作。虽然现实世界中我们能看到很多共同创业成功的夫妻、情侣，但这毕竟是传说中的少数。通常来讲，一旦家庭关系介入到工作当中，这层关系几乎不可能不影响到工作。原本单纯的家庭关系加入了利益纠葛之后，家庭成员之间将会有更多"可供争吵"的话题，使得单纯的关系变得不单纯了。因此，不论是对家庭关系，还是对工作本身，贯彻"家庭不影响工作"的原则都是有好处的。职场就是谈利益的地方，不要把家庭裙带关系带入其中。在什么地方想什么事，不擅自跨过边界，便是平衡家庭与工作之道。

第五章

坚持一生的
精进成长

—

恭喜你已经进入了本书的最后一章。从本书的逻辑顺序来看，我们首先探讨了什么是高效的精进成长，之后在三大场景——时间管理、社交、工作中，分别详细讲述了如何达到高效，最后这章的任务就是告诉大家在学习了高效的方法之后，如何才能一直坚持使用这些方法进而达到长期持续性的高效以及在此过程中要避免哪些误区。如果将前几章比作"授人以鱼"，最后一章便是"授人以渔"。

人生很长，
如何持续高效

—

不能否认的是，许多人即使阅读了大量励志成长类图书并努力践行，但很容易"三分钟热度"，坚持一段时间便又回到原来的状态。其实，读完每一本好书我们心里都会留下一两个"烙印"，汇集起来，便能从根本上改变了我们对自己或对世界的看法或行动准则，也便造就我们的精进成长。本小节我便希望尽可能地让读者留下促进成长的正向"烙印"。

为了能够持续地保持高效的状态，精进成长，我们首先需要一个良好的心态，其次明确我们的目标，最后为持续的高效前行不断添加燃料。

（1）持续成长的心态

我们先来看心态。在第一章的最后一个小节中，我们讲过在迈向高效的道路上有急功近利和画地为牢两个不可取的极端，一个是步步紧逼催人放弃，一个是故步自封让人安于低效。在本书的最后一章里，我仍然想要重提这两种极端的心态，因为克服这两种心态是我们在人生中能够持续成长的核心。由于两类心态截然不同，我会按照两种心态给出不同的建议与调整方法，大家可以根据自身的情况选读其中的一个。

急功近利用通俗的话讲，就是"一口气吃个胖子"，做事情总想要一步到位。应对这种心态最根本的办法是建立一个客观的自我画像，了解自己的行事风格，从而去推测自己现在的心态是否是急功近利了。不识庐山真面目，只缘身在此山中。建立一个客观的自我画像就是要我们用第三人称的视角看自己，把自己从"庐山"里拎出来，但是习得这种视角是一件难事，我们在冲动的时候，很难以客观的态度审视自己，毕竟"自己给自己泼冷水"不是每个人都能做到的。此时，我们可以建立强制规则，比如我们认为一个月之内能完成的事，强制将计划中的周期延长一些，到6周，从而让自己在过程之中拥有喘息的间隙，不至于感到无法呼吸，进而放弃。

画地为牢是自己强制规定自己的能力边界，而且这种边界通常是大大低于我们实际能力的。这种心态在本质上是一种"那边的世界离我很远，和我无关"的心理以及一种"这个世界有很多我无法打破的条条框框"的心态，而打破这种怪圈其实只需要一个身边人。就我自己而言，让我萌生挑战在金融界就业想法的，是我在大二时认识的一个在高盛工作的学长；让我想要去北美攻读全职MBA的，是公司的一个哈佛商学院MBA毕业的同事。当抽象的远方以一个具象化的真人形象出现在我们面前时，远方就显得近了。同优秀的人做朋友并不是一句空话，因为有优秀的人在身边，我们思维的边界才能够被打开，我们才能够意识到只要自己拼命努力，也有机会成为他们之中的一员。因此，打破画地为牢心态的最佳方法就是向上社交，认识一个能够激发自己突破自定边界的人。

（2）明确我们的目标

生活没有目标就很容易在繁忙琐碎之中忘记方向，忘记一开始为什么要出发。因此，我们需要长期目标和短期目标，让我们时刻根据目标来调整前进的方向。

长期目标通常是5 ~ 10年的规划，例如5年之后要建立自己的公司，10年之内要成为一个行业里的企业高管等。在设定长期目标的时候，我们一定要选择自己热爱的事情，或者至少是自己不讨厌的事情。这样在计划遇阻时，我们才能够依靠长期目标这一指路明灯重新燃起内心的热火。在设定这个长期目标时，我们可以一定程度上向上拔高，只要是自己真心想要、真心期盼的，不用担心目标太高。5 ~ 10年已经足以让世界发生沧海桑田般的变化，也足以让我们飞跃成长。

短期目标通常是1 ~ 6个月的规划，是每一个阶段我们工作的重心。在明确短期目标的时候，我们首先要确保短期目标的方向是与长期目标一致的，这样一个一个的短期目标才能引领我们走向长期目标。在每一个生活阶段，短期目标决定了我们如何为各项任务排列优先级，从而保证了我们每天的日常工作和生活大体上不脱离长期目标。

不论是长期目标还是短期目标，在制定之后都可以改变，因为世界是在不断变化的，我们也没有必要认死理、撞南墙。在耐克创始人菲尔·奈特的自传《鞋狗》里我们可以看到，强如耐克这样的公司也不是从一开始就要自建品牌经营运动服饰生意的，而是从日本品牌"鬼塚虎（Onitsuka Tiger）"的美国经销商做起，后来因为拿不到经销权才开始自建品牌、自研产品。这个世界是不断变化的，我们身边的环境也在不断变化，因此灵活改变计划并不是一件可耻的事情。只要我们能够确认自己改变计划的初衷是适应世界的变化，而不是为自己撤退寻找借口即可，无需担心周围人的评判。

（3）为高效前行不断添加燃料

调整好心态，确定好目标之后，我们仍然要保证自己在前往目标的路上有足够的燃料让我们走下去。

　　第一类燃料是来自朋友的鼓励。不论我们的性格是内向还是外向，不论我们想要去的远方是哪里，结伴前行总是要比独自上路要来得容易。同伴之间的互相鼓励能够让我们在面对困难的时候更容易下定决心迎接挑战。

　　第二类燃料是阶段性的里程碑。如果做一件事情长久收不到结果，仅仅只有付出，难免做事的积极性会受到影响。因此每当我们达成了一个里程碑，一定要认可自己的付出，并及时庆祝。

　　第三类燃料是心中的那团火。不难发现，这三类燃料本质上其实从实到虚。第三类燃料的这团火是我们对于这个世界的热爱，是我们对于理想的憧憬，是我们对于实现自己人生价值的向往。从《苏轼传》中，我们可以看到纵使外部世界有百般阻挠，纵使苏轼自身的境遇迂回曲折，他心中对这个世界的热爱从来没有熄灭过。被贬谪时，他懂得苦中作乐，懂得与现实和解，但是他却从没有放弃过实现自己报国的理想。我们在高效前行、在迈向自己长期目标的途中，也应当在心中保有这样的一团火。

不要成为愚蠢的"锤子手"

——

美国心理学家亚伯拉罕·马斯洛说过一句非常经典的名言："如果你手里只有锤子这一样工具，你很容易把所有事物都看成钉子。"这后来被总结成了"工具定律"，也称"锤子定律"，并且被多位名人引用，流传于世间。我们来通过一则案例，一起看一看现实生活中的"锤子手"是什么样的。

案例：现实生活中的"锤子手"

阿实笃信真心待人总能换来最好的结果，所以他一直秉承着在工作中不说假话只说真心话的信条。他的组里有一位同事，在工作中总喜欢投机取巧，能省事就省事，招来了组里其他同事的唾弃，眼看着就要被边缘化了。

看着这种情况，阿实秉承着的真心待人的信条迫使他采取行动，想要帮助这位投机取巧的同事摆脱现状。一天，阿实把这位同事单独约出来吃完饭，席间向他吐露了自己的想法。阿实告诉了这位同事他所处的现状，并且心平气和、苦口婆心地跟他讲述了投机取巧的危害，也帮他分析了后续的补救措施。在晚饭当场，这位同事还表达了对阿实的感谢，表示自己一定会努力改正。

然而，不久之后，公司里就开始流传起阿实"爹味"十足、喜欢教人做事的传言。追根溯源，阿实发现这其实就是那位他想用真心帮助的同事在背后讲他的坏话。这是阿实第一次发现真心实意却换来了对方表面的感谢和暗地里的诋毁，一时间阿实陷入了迷茫。

阿实的初衷毫无疑问是善良的，他诚心想要帮助这位同事摆脱困境。我也不愿意用"愚蠢"这样的字眼来形容一个善良的人，但是事实就是阿实从一而终坚持自己的信条但却未注意方式方法，他的做法并没有对对方产生任何帮助，反而还换来了诋毁，给自己惹了麻烦。

我们拥有自己的一套处世哲学，拥有自己的信念，并且将这个信念一以贯之，是非常好的。但是在实际操作的时候，在方式方法上一定要根据现实情况灵活多变，所谓"锤子手"就是在实际操作的方式方法上不知变通的人。要想让一个方法达到预期效果，我们一定要考虑在使用这个方法时周遭的客观环境适不适合，要考虑我们使用这个方法的对象会不会接受。用锤子砸钉子是对症下药，用锤子砸玻璃就是蓄意破坏了。

电视剧《铁齿铜牙纪晓岚》中的一个片段给了我什么是方式方法上灵活多变的灵感。剧中的情节是这样的：乾隆年间发生了一次严重的旱灾，乾隆派遣和珅去分发救灾粮食。但是在分发粮食期间，总有一些不是灾民但冒充灾民的人冒领粮食，导致存粮不够分发给真正的灾民。于是，和珅下令将粮食熬成粥，并在粥里掺杂沙子。于是冒充灾民的人一吃到沙子，就悻悻而去再也没来冒领过，而真正的灾民迫于饥饿，忍着沙子喝粥。如此一来，灾民虽然不得不承受吃沙子的痛苦，但是粮食到最后全部分发给了最需要的人。

由于这只是电视剧里的一个桥段，真实性有待考证，但是不妨碍它传达一个道理，那便是方式方法上要根据现实情况灵活多变。

回到持续高效的主题上来，在我们不断成长的道路上，也要灵活多变地根据客观情况的不同选用不同方法来应对，不可以将一个方法运用到所有情况上，否则我们就很可能会像案例中的阿实那样惹来不必要的麻烦，从而导致丧失坚持精进成长的信心。

虽然在书中前面的章节里，我们针对各个场景各个情况都介绍了针对性的方法，但是在实际应用的时候，我们仍然每次都要考虑周围的环境和客观的条件是否适合使用该方法。如此一来，我们就能逐渐在每一种情况下都不断扩充自己的工具箱，灵活运用不同工具的能力也会与时俱进、与日俱增。在接下来，本书最后的一个小节里，我们将介绍如何在现实工作与生活中持续扩充解决问题的工具箱。

建立属于自己的高效工具箱

—

我们迈向高效的路很长，这本书只能作为大家的一个起点，而不是终点。在这个小节，我们就会着重介绍如何在漫长的人生道路上不断积累、丰富我们自己的高效工具箱。

首先，一个亘古不变的真理就是没有输入（input）就没有输出（output）。如果我们想要持续扩充高效工具箱，就一定要持续输入，最有效的办法就是通过聊天与阅读借鉴他人的经验。因为人类的本性是不变的，哪怕科技等客观因素在变化，社会规律的底层逻辑是不变的。因此，我们面临的所有困难，一定会有人曾经遇到过类似的困难，因此聆听他们如何克服了类似的困难是解决我们眼下难题的好方法。阅读其实与当面聆听他人经验有异曲同工之妙。书籍其实就是人们用书面形式总结出的知识与经验，不论是通过聊天借鉴，还是通过阅读借鉴，我们所借鉴的核心都是一样的，都是他人的经验。当面聊天的好处是我们可以随时提出问题，更加全面地了解他人的经验，并且针对自己眼下的问题请求他人给出意见。

阅读的好处是我们可以边读边思考，进而更加深刻地把握问题的本质，也能有更充裕的时间思考书中内容对于我们自身情况的启示。并且，聊天只能约见我们身边的人，而阅读则能广泛借鉴很多人的经验，包括历史上的名人、伟人。因此，聊天与阅读是两种相辅相成，都不可或缺的增加输入的好方法。

其次，我们在寻找工具的时候，可以采取统计学思维，通过"A/B测试"来应对。所谓"A/B测试"，其实是在互联网行业里常用的一种方法。在同一时间维度，把目标人群随机分为两组，即A组和B组，并给予两组目标人群不同的界面版本或网页功能，从而观察两组目标人群在面对不同界面和功能时所给出的不同行动反馈，进而判断是A组的界面、功能更好，还是B组的界面、功能更具吸引力。如果把这个思维应用到我们克服困难解决问题中来，那便是：在每次遇到类似困难的时候，我们可以测试性地使用不同的解决方法，观察最后解决问题的结果，从而判断哪一种方法更适合自己。

举例来说，在睡眠这件事上，我们就可以运用"A/B测试"，因为睡眠是每一天都会反复的，并且客观条件上相对可控。我们可以有一周11点睡7点醒，下一周12点睡7点半醒，从而观察自己在什么样的睡眠时间下可以更加高效思考、高效工作，从而找到最适合自己的睡眠时长和睡眠时段。再比如，针对如何快速进入"心流状态"这一问题，我们也可以多使用"A/B测试"，了解最适合自己的方法。对于我们书中介绍的每一种方法，大家都可以自行调整，然后以"A/B测试"的思维来找到专属自己的高效节奏。这样经过长期积累，我们都能拥有一套真正属于自己的高效工具箱，助力我们在生活和职业生涯中长期不断地精进成长。